望月重信　編著

変化する社会と人間の問題

学校教育・ジェンダー・アイデンティティ

学文社

執筆者

*望月 重信(もちづき しげのぶ) 明治学院大学文学部(教職課程)教授(はじめに,序章,第1章,第3章,第6章)

吉川 杉生(よしかわ すぎお) 中部学院大学短期大学部教授(第2章)

春日 清孝(かすが きよたか) 明治学院大学社会学部非常勤講師(第4章)

池田 隆英(いけだ たかひで) 精華女子短期大学専任講師(第5章)

(執筆順・*は編者)

はじめに

ホックシールドは,「管理される心」(石川准・室伏亜希訳, 世界思想社, 2000) の中の第4章, 感情規則で次のように述べている.

「感情は行為に先立つものである. だから, 感情に関する規則や道徳的スタンスは, 文化が行為を方向づけるための最も影響力のある手段の一つである. 私たちはいかにしてこの規則——それを私は感情規則と呼びたいのだが——を意識するのだろうか」(p.64)

現代の社会は行為が感情より先立って優先される社会である. 私にはこの感情規則を果たして十分にもち合わせて生きている人がどれほどいるか疑問に思える. まして道徳的スタンスを自身の内に抱きながら (潜めながら), 他者と交わり, 語りそして動く人を見かけることがめっきり少なくなった.

感情規則を認識するということは, 次によってであるとホックシールドはいう.

「自己が自身の感情をどのように査定しているのかを調べ, 他人が自分の感情表現をどのように査定しているのかを推測し, そして自分自身や他人が発するサンクションを確認することによってである」(p.65)

サンクション (裁定) の相互確認が身近にも疎遠な人々や場面と際会してもできないのである. 余裕がないということではない. 感情が薄情になった. ということでもない. 感情表現を査定できなく

なったのである．この査定という営みはとてもむずかしい．査定は「私とは誰か」という問いのみをすることではない．加藤周一は「私にとっての20世紀」(岩波現代文庫，2009) のあとがきで，「私とは誰か，を決定するのは，私ではなくて，他者である」と述べている．

現代社会は「私とは誰か」を家庭や地域や学校や職場で問い，その答を即座に求めて止まない社会である．加藤周一はこのことを次のように述べて，私への問いに他者を引き寄せる根拠を明らかにしている．

「私が『私とはXである』と言ったときに，私はもはやXではなく，私とはXであると言った人間である．しかしそう私が言った瞬間に，私はもはや私とはXであると言った人間では無く，私とはXであると言った人間であると言った人間である．この過程は無限に続くから，私がどういう人間かという問題の答に私が到達することはできないだろう」(p.257)

この無限の過程は他者の「重み」というか，他者性（他者であることの意味）を引き受ける深刻さをすなおに認めることによって「有限」になる．そして有限とは対話である．対話から出発するということは対話のなかで私自身を発見し続けることである．

本書の書名にある「変化する社会」は現実をただ無感情に生きていることではない．現実は事実ではない．現実は現実を現実ならしめる「いま・ここ」に意味付与（相互性の受容と互酬性の感得）と解釈過程（納得と拒絶の交歓）が作用し合って構成される．

しかし，この社会ではこの意味付与と解釈過程が貫徹され，市場社会と労働市場社会において自棄化され，棚上げにされつつある．市場社会と労働市場は，軋みつつあり，個人化過程がますます進展

しているように思える.ウルリヒ・ベックは,「危険社会」(東廉ほか訳,法政大学出版,1998)のなかで,個人化の情況を次のように述べている.

「個人化した私的存在は,ますますはっきりと,個人化した私的存在が手出しすることのできない事情や条件に依存するようになる.それと並行して登場してくるのが,紛争状態や危険状態や問題状態であり,それらは,その起源や形態ゆえに,個人が手を加えることは困難である」(p.260)

個人化の情況は,あらゆる次元において市場に依存することを意味していた.市場とは「それ自身の特殊な動機(利潤動機)をもち,市場という現代の社会制度を構成する(間宮陽介,市場社会の思想史,p.94,中公新書,1999)」だけではない.そしてまた,市場とは「社会の隅々に分散している,特殊な状況のもとでしか得られないような知識を発見し,普及し,淘汰する場」である(p.151).

変化する社会ではこの市場社会の自己維持と自己循環性が失なわれつつあり,個人(化)したバラバラの個人は自律性というバランス(感覚)をもちえなくなっている.つまり,今や,市場社会が必ず人間の生活を保証するものだ,という暗黙の前提が崩れつつあるのである.本書の書名にある変化する社会とは「個人化」した個人が市場社会を生きている(いた)ということであり,そしてその人間の問題とは,個人の自律と自立および共生という「光」の部分と市場社会の変貌が起こりつつある現在,個人のライフスタイル,関係性(ジェンダー),子ども社会,そして学校制度(人為的,意図的,具案的なもの)自体,淘汰的,形成的かつ強制的過程を約束させるものではなくなっており(評価の問題と格差の顕現),すでに影を落としている(蓄積してきたといったほうが正確である)ものと確

認できる.

　さて，本書の内容は，時間，空間，および知識の領野において限られたものとなっている．そのことは若い一研究者にとって，論稿の想いがいわゆる所属する学会の論潮から逸脱したものであることから理解できる.

　本書は，全6章で構成されているが，その特色は，教育社会学や子ども社会学そしてジェンダー学における豊富な調査や研究から得られたデータに基づいて立論されたものとは云い難いものである．むしろ，既成のパラダイムを意識しつつも，現代社会の重層を読み解く「まなざし」が既存の物差しでは計れない，〈反・科学〉の様相を帯びている，という認識がある.

　まず，序章「人間形成の社会的基礎」では，日常語では耳にしない人間形成の根本規定を明らかにし，教育の営みがどういう条件のもとで可能なのかを考える．また，社会化が社会に順応していく過程のみに力点をおくのではなく，社会化それ自体がすでに「対抗性」を内包していることを指摘する.

　現代の子どもの成長は，シェーラーのいう「動物的行動」に近い軌跡を歩んでいるように思える．しかし一方で「世界開放性」（ヴェルトオッヘンハイト）は子どもの未来と幸福を約束させるものであろうかと問い続けたい.

　序章では人間形成のパラドックスを嗅ぎとってほしい.

　また，第1章「学校化社会の『実在ペダゴジー』」では，今から10年前の「時代状況」の制約が残るものの，今日の〈小1プロブレム〉および〈中1問題〉に迫まる「まなざし」の転換を考えるものである．子ども社会とは何か，教室とは一体に何かについて深層構造において考えようとしている.

そして，学校社会が何らかの「評価軸」をつねにもっていて，それが自明視されている現実を抉る．これは，第2章の吉川論文，生徒の授業評価論に通底する．つまり，授業評価はけっきょく，学校の管理体制強化につながりかねず，教師対生徒の「互恵」を保障するとは限らないとする予兆を思わせる．「教室に実存ペダゴジーを」というスローガンは，実際に教室に入ってみれば，見事に空絵事になってしまうのが現実なのである．

　しかし，実存的ペダゴジーという視点はもち続けたいという願いを読みとってほしい．

　第2章の「生徒による授業評価と教師文化の変容」は，事例校における条件整備と教育環境の実態，および調査データ自体は，今日からみて古いかもしれないが，実は今日の学校評価，第三者評価の実施に必ず問題となる根本的な課題を先駆的に取り上げた論稿である．

　学校評価ガイドライン（改訂）が2008年1月に文部科学省から発表された．学校関係者評価（外部評価）は自己評価と学校関係者（保護者・地域住民）による評価なしには第三者評価（当事者・関係者でない者）による評価が成立しない．さらに，外部アンケート（児童生徒・保護者等を対象に行うアンケート等による評価）は自己評価の資料等に活用するものである．

　いずれにせよ，吉川論文は，公立高校とは異なって，建学の精神や伝統の継承という観点と学校改善および教師の資質向上，力量形成を考えるとき，何らかの「葛藤」が生じることは必然である事例を示したものである．生徒による授業評価を学校がわ（管理職）はどのように評価をして学校改善につなげるかは未知数である．私立学校の学校評価実施状況をみると「自己評価」は高等学校で57.1

(2005年),61.0（2006年）であるが,外部評価は,34.5（2005），18.5（2006年）と割合が低い.また,学校評価結果の公表は,自己評価結果,14.2%,学校関係者評価結果は,30.9%である.（清水一彦代表,最新教育データブック〔第12版〕,64-65頁,時事通信社,2008）

生徒による授業評価に対する呼びかけ文と点検項目は,先駆的なものだけに有益であろう.また,教師自身の授業評価との比較と検証作業を行うさいのいくつかの「諸問題」を提起したものである.

第3章「ジェンダー論の基礎」では,ジェンダー・フリーの批判のなかで,ジェンダー研究とは何であったか,また,ジェンダーという視角で何を問題にしてきたのかをまとめている.イデオロギーとしてのジェンダーではないジェンダー教育実践の可能性を追求したものである.さらに,ジェンダーとフェミニズムとの違いを明らかにしつつ,それでもフェミニズムはジェンダー研究に大きな影響を与えてきた点を指摘する.それはフェミニズムと教育問題の視点にかかわる.しかし,研究のための研究ではなく,学校教育の在り方や現代社会の構造分析のために関心をもつ必要性を述べている.ジェンダー・バックラッシュ問題は,現代社会を解読する一つの契機でもある.

第4章「『自立』・『共生』の概念形成とその社会構成的背景を探る」は,ジェンダー論でもあるがそこに限定し得ない論文である.錯綜と価値多元化社会に生きる人間の生き方や存在の根拠を問うている.現代社会（市場社会）のなかでいかに「関係主義的自立」を構想できるか,その場合に社会システムとの交歓は無視できない.さらに「共生」概念を整理し,分析することから,市場社会のもとでの「自立」と「共生」の概念をジェンダー・バックラッシュの観点から批判している.

「自立」と「共生」は社会学的関心の主要テーマである（濱口晴彦編著『自立と共生の社会学―それでも生きる理由―』学文社，2009）．公と私の区分と依存の問題はジェンダー化された社会を相対化することであり，自立と共生は社会構成を考える際の基本概念であるだけにジェンダーの視点を入れたときに自立と共生が「問題」となる．

第4章は，花崎皋平の「ピープル」としてのアイデンティティ追求につながっている（花崎皋平，アイデンティティと共生の哲学〔増補〕，平凡社，2001）．「分断を乗り越える」こと，未来を構想し，実践と理論に生命をあたえ，希望をはぐくむ，という花崎皋平の言説とつき合わせながら読んでほしい．

第5章「ある女性保育士のライフヒストリー」は，いわゆる流行のジェンダー論と読めない．また，学会アカデミズムのジェンダー研究と成果を敢えて踏襲せず，パラダイム転換を求めたものである．5章で筆者は自らの矛盾・葛藤を隠さない．この心性は第4章の論者と通底する．

ジェンダー・フリー保育は，保育士のパーソナルヒストリーを語らずして実践できないという根拠はどこにあるのか．それは，幼少期の体験から教育実践につなげる問題意識を型づくるものであろう．保育の現場では，秩序形成と好みと神話が立ちはだかる．そこで制度体は，構造化されたものの構造する「主体」の装置であることを彷彿させる．しかし，この構造を安易に批判できない．なぜならば批判は，自らの存立基盤を揺るがしかねないからである．

5章でジェンダーの「気づき」がいかに人を生きにくくしているのかを学びたい．そして，実践現場のロジックを冷静に見つめている視点を確認しよう．ライフヒストリーに注目するだけに現実を凝視することに徹するスタンスに注目したい．そして，ジェンダーを

生きる（Doing gender）意味と苦悩の本質を論者と共に見つめたい．

さいごに第6章「『個』化社会と学校のなかの子ども」では，ライフコースだけでなく，既存のパラダイムの揺らぎが顕著になるポスト・フォーディズムの現代で，個人化する情況と「個」の生き方が内包するリスクや格差，そして関係構築の困難を取り上げている．いわゆる格差論として読むのではなく，多元的社会のアンヴィバレンツ（光と影）とレリバンス（適切さと関与）を読み取ろう．また「子ども社会」の変容にも注目したい．

6章全体にかかわる問いが，理論的・実践的な視点から論じられているかは読者の判断に委ねたい．今日の多元的かつ変化する社会を創ってきたのは戦後社会の制度変革によるものではない．たしかに高度成長経済によって学校化社会（学校価値が人々の生活信念に浸透し，生きがいの礎とした）は大人社会のみならず，子ども社会にもビルトインされた．この既成秩序化の典型がパイプラインシステムであった．そして，その揺らぎ（二極分化の進行と格差現象の進展）は，ますます「個」化を促進するだけに止まらずバラバラな個人を輩出している情景を産みだしている．

競争型個人主義の社会は終わりを告げ，自律型個人主義を価値原理とする社会情況が創成されつつある．教育や経済の「強者の論理」に対応できる者とそうでない者が顕在化，現前化してきた．自分自身の事で精一杯という「生存の論理」は，この時代のリスクを回避し，保身の論理だけではない心理を創ってしまう．つまりこの心理は，強い保身の論理と弱い脱・インセンティブネス（意欲の消沈）を生んでいる．

この情況は，いま「子ども社会」や「仲間集団」に蔓延しつつある．その現実の動きを冷徹なまなざしをもって凝視するさいの一助

となることを願っている.

　本書で各論者が取り上げているテーマや,用いられている方法論,方法意識は多様である.すでに述べたように本書の諸論稿は,教育の社会学的研究に近いが,変化する多元的社会の現実の社会的・教育的・関係的かつ存在論的な文脈は,一般化可能なディシプリンとして存立するものではない.

　現実構成を生きる読者と本書の論者が共に社会的・教育的・関係的かつ存在論的なヴァリエーションの転回ができ,それぞれのアジール(居場所づくり)を模索できるように願って止まない.

　最後になったが,本書の刊行に際して,学文社の田中千津子社長には大変お世話になった.本書の企画がほぼ4年前に立てられたにもかかわらず,原稿の遅れや編者の怠慢と諸般の事情により,多大なご迷惑をおかけしてしまったことに対して,申し訳ない気持でいっぱいである.さらに田中社長には,本書の論稿を丁寧に読んでいただき不適切な表現や言いまわしを指摘され,教示していただいた.

　辛抱づよく,また温かいまなざしを終始,向けて下さった田中千津子社長にはただただ感謝の気持と頭の下がるばかりである.あらためて本書の執筆陣を代表して心より謝意を表したい.

2009年4月

編著者

目　次

はじめに　i

序章　人間形成の社会的基礎　　1

はじめに　1
1　人間形成を考える基本的枠組みとその問題構成　2
2　人間形成の社会的基礎の「自明の前提」とその問題性　8

第1章　学校化社会の「実存ペダゴジー」　　15

はじめに　15
1　「学校の先生には視えないこと」とは何か　17
2　教室の存在論に向けて　20
3　「キレ」る・「ムカ」つくの深層を読みとく　24
4　教室の実存的世界を求めて　29
5　教室の実存へのペダゴジー　33
6　今後の課題　36

第2章　生徒による授業評価と教師文化の変容
　　　　　──ある高校の事例から　　41

1　問題意識の所在　41
2　研究の対象と方法　43
3　「生徒による授業評価」の背景　47
4　「生徒による授業評価」の結果と教員の受け止め方　50
5　中間的な考察　53
6　「授業評価」は「教師文化」をどう変えたか　57
7　おわりに　62

第3章　ジェンダー論の基礎
　　　　　──ジェンダーと教育の可能性を探る──　　67

はじめに　67

1　ジェンダー研究の水準と教育実践　71
　　2　近年のジェンダー研究から学ぶ　76
　　3　フェミニズムとジェンダーの狭間　83
　　4　ジェンダー論の可能性？―まとめに代えて―　88

第4章　「自立」・「共生」の概念形成とその社会構成的背景を探る
　　　　―概念を超えて変革のパトスを求めて―　　　　　　　　95

　　はじめに―「自立」と「共生」をジェンダーの視点から問う―　95
　　1　「自立」の問題　97
　　2　「共生」の登場　101
　　3　市場を前提とした「自立」「共生」を超えて　115
　　4　おわりに　119

第5章　ある女性保育士のライフヒストリー
　　　　―「ジェンダー・フリー保育」にみる実践の困難―　　125

　　はじめに―人生の歩みをふりかえって　125
　　1　「ジェンダー」という視点の意義　126
　　2　「ジェンダー・フリー」概念の基本的意味　130
　　3　実践化するに至った経緯―生育・気づき・実践化　134
　　4　実践化を阻む現場の論理―原理・同僚・施策　137
　　5　ライフヒストリーからみえた世界　141

第6章　「個」化社会と学校のなかの子ども
　　　　―格差・危機・脱関係のなかで　　　　　　　　　　　151

　　はじめに　151
　　1　格差社会と二極化トレンド　154
　　2　パイプラインシステム構築の源流　160
　　3　パイプラインシステムのゆらぎ　166
　　4　今後の課題　173

　　索引　177

序章 人間形成の社会的基礎

はじめに

　「人間形成の社会的基礎」というテーマを取り上げるばあい，人間形成の概念について，あれこれと考察することは当然の作業であろう．しかしまた，人間形成というコトバは，周知のようにまことにバラエティに富んでいて考察を加えれば加えるほどわからなくなってしまうというのが本音であろう．

　人間形成に思いをめぐらせたとき，なぜそのようにわけがわからなくなってしまうのかといえば，おのおのの人間形成について抱くイメージが多様でありかつまたこれを論ずる私たち一人ひとりが主観的な感情をこめているためかえって客観的に冷静に論じ合う困難を予感してしまうからではないだろうか．

　私たちの日常生活のなかで〈人間形成〉というコトバをどれほど用いるかと考えたばあい，あらためてこのように〈人間形成〉の概念について考察することのむずかしさを予知してしまう．しかし，筆者がこのテーマに取り組もうとしたのは2つの理由による．

　1つは，人間形成というコトバは，〈日常知〉として私たちの内面に了解されているはずなのであるが，いざこれについて考えてみた場合，教育学や心理学，そして社会学や人類学など，諸学のなかでのみ論議されてきたという事情から，自分自身の問題としてとらえないで，抽象的でしかも机上の論としてしか論じられないのはな

ぜなのかという不満をともなった素朴な疑問があるからである．むろんこの疑問は，〈学問と人生〉という問題，〈科学知〉と〈日常知〉の接点をどこに求めていくかという大きな課題を背負いこんでしまう．人間形成に対して私たちが主観的感情をこめてしまうとさきに述べたのは，実は〈科学知〉に対する異和感から来るものではないか．もしそうであるならば，〈科学知〉としての人間形成について一度，整理してみる必要があると考える．そして〈科学知〉から〈日常知〉へと人間形成を考えていく手だてと認識の転換をはかるための課題領域を提起しておくことは，重要と考える．

　第2の理由として，人間形成を〈過程〉としてとらえるということ，しかも社会的基礎のもとに考えるということは，抽象的な空間のなかで考察することではない．

1　人間形成を考える基本的枠組みとその問題構成

　人間形成についてまず考察をすすめる前提は，次のカントの『教育学講義』の冒頭のコトバである．

Der Mensch kann nur Mensch werden durch Erziehung.

　つまり，人間は，教育によってのみ人間になることができる，という意味である．カントは，このあとの文章で，人間は，教育が人間から作りだしたものにほかならないこと，そして人間は人間によってのみ教育されるということ，しかも，同じように教育された人間によってだけ教育される，ということをいっている[1]．

　この言説は，たしかに人間形成の本質を規定したものである．しかし，この規定は，未来へのより幸福な人類への展望を示したものであって，「経験の中にまだ存在しないところの，完全性の概念」[2]

としての〈理念〉である．この〈理念〉は，現代の教育の情況を考えたとき，どれほど有益であろうか．筆者がこのような疑問にとらわれるのは，現代の教育のありように絶望しているというよりも〈理念〉が今日の教育の現実を相対化しうる強さをもちえないくらい，現実の教育の深刻さと複雑さを身にしみているからである．人間存在の深い分裂と子どもたちの言葉にならない苦しみに思いをひそめたとき，なおさらそうである．いま，〈教育の万能〉や〈教育の理念〉を掲げることよりも，私たちの心性をとらえて離さない〈教育観念〉を形づくっているものへの注視と「読み解き」が重要なのである．

 たしかにまた，カントが『教育学講義』のなかで次のことを語ったのを私たちは，銘記し続けなければならない．

Der Mensch ist das einzige geschöpf, das erzogen werden muss.

つまり，人間は教育されなくてはならない唯一の被造物である，という意味である．[3]

 ただ，問題は，〈教育されなくてはならない〉という当為（ゾレン）で一体，いかなる前提に立つか，ということなのである．この必然は，「可能性」(Können) を前提としている．人間形成のこの「可能性」を教育の条件にする根拠は何か．また，〈されなくてはならない〉という必然は，どうして生じたのか．

 まず，教育の条件にする根拠であるが，森昭の「人間的主体に着目した基礎存在論的 =fundamental=ontologisch ともいうべき考察法」によって説明しよう．[4]

 可能性の前提は，人間を「未だ決着せざる動物」=das noch nicht festgestellte Tier と規定する．そこでは，人間は，「世界へと開かれている存在」=der Welt geöffnetes Wesen と意味づけられ

ている.人間の根源,そのもっとも基本的な独自性が,「世界への開放性」=Offenheit für die Welt である.このように考えるならば,この独自性が開眼するのは,人間的個体が,自然と歴史的世界にむかって開かれてゆく過程によって,つまり,人間独自の行為(作業・認識・表現・実践・思索)によってである.

さて,この開放性 =Offenheit は,シェーラーの「環境世界」の桎梏からの脱却を意味する.シェーラーによれば,この「環境世界」とは,以下のように説明される.[5]

「生理学的＝心理学的状態性からの出発がつねに,おのれの環境世界に対する動物的行動のドラマにおける第一幕である.その場合,環境世界の構造は動物の生理学的な特性に,そして間接的には形態学的な特性に,言いかえれば一つの厳密な機能的統一を形成している衝動・感官構造に,正確かつ完全に『閉鎖的』に適合している.動物が認め,とらえることのできるその環境世界そのものはすべて,動物のこうした環境世界構造の安全な柵と境界の内部におさまっている.」

筆者は,うえのシェーラーの文章に接しながら,〈現代の学校教育の中の子どもの状態〉を想定している.そこでは,動物は子ども,環境世界の構造は〈学校〉,そういうものとして映ってしまう.シェーラーによれば,動物行動の第二幕は,動物(=子ども)の反応によって環境世界の現実がなんらかのかたちで変化をきたすが,それはあくまでも動物の衝動目標に方向づけられている.今日の子どもたちは,学校教育の目標(学歴偏重と業績主義)に衝動的ともいえるかたちで方向づけられている.この〈かたち〉は,学歴社会であり,学校教師により,家庭の親の働きかけによって創られてきた.また,ここで衝動的とは,子どもの感官構造が〈世界に開かれ

た〉ものではなく，安全な棚と境界の内部，つまり，偏差値の高い進学に有利で安全な学校と学級，または進学塾に適合している状態と考えることができる．

シェーラーは，動物的行動の経過は，必ず次の形式をとるという(6)．

$$動物 \rightleftarrows 環境世界$$

うえの図式では，子どもの行為主体と世界との諸関係が意味的に充実されることがない．今まで，教育学の世界では，人間はたんに「在る」のではなく，「成る」のだという前提に立ってきた．「生成する」（Werden とか becoming という）ことこそ人間の本質，教育の基本条件と考えられている．デューイも「人間の成長」（growth）すなわち教育ととらえたが，その教育の基本条件として，〈未成熟〉（immaturity）をあげた．

未成熟とは，否定的でかつ子どもを尊重しない概念のように思えるが，成長の諸相でとらえたとき，潜在能力として，つまり「可能性」として積極的に評価される．私たちがそこに教育的意味を認めるのは，未決着であるがゆえに〈可能性〉をもって価値的により高い方向にむかって決着するという予知があるのである．だが〈価値的により高い方向〉が問題なのである．現代の社会では，シェーラーのいう「全人」（Allmensch）をめざすというものではない．全人とは，「人間のあらゆる本質的可能性を実現して自己のうちに包含している人間の理念」である(7)．私たちは，これとはおよそほど遠い，実証主義者の「工作人（ホモ・ファーブル）」を目指すのみである．それは，市民社会を担う中産階級の原型であるホモ・エコノミックスに通ずる．アダム・スミスとその経済思想のなかに読みとれるこの人間観は，

たしかに人間の本性を〈利己心〉にのみ置いていない．それとともに〈利他心〉を並存させるが，経済のみを追求する本性，つまり富への途を目指すほうが，今日では圧倒的である．

　今日の社会の人間形成の思想は，このホモ・エコノミックスに裏打ちされたものといえる．たしかに学校教育は，富を創造し獲得する途のみしか若い子どもたちを導いていない．それどころか，校則をはじめ教育上の管理と訓育を強めてきた．ヘルバルトの指摘をまつまでもなく，これらは，子どもたちが首尾よく学ぶための教育上の条件である筈だ．周知のように，進学競争は富への途を目指すもの，利己心を喚起させるものである．しかし，これはそれ自体，倫理とは無関係である．では，学校教育のあの倫理の徹底は何を意味しているのか．それは，マックス・ウェーバーの「資本主義の精神」のなかの営利欲が〈反倫理的〉であるとはいえないと同じように，勤勉とか節約といった「徳」と結びついていることと同義である．

　学校教育は一方で業績主義的価値を高らかにうたい，何ゆえ子どもたちを死に至らしめてしまうほどの管理を強めているのだろうか．この二者が不可分に融合している学校教育の現実がある．この現実から脱却する人間観をどこに求めるか．

　さて，シェーラーは，動物はおのれの世界のなかへと自己を没入して忘我的に生きると指摘した．しかし，「精神」を有する存在者は違う．人間は，行動の衝動インパルスから独立していて，つねに視覚的あるいは聴覚的に規定された環境世界の感性的な外的側面からも独立しているとシェーラーはいう．この独立，つまり衝動インパルスの阻止は，行動の次元では，「世界開放性」という行動の形式を導く．シェーラーは，これを図で次のように示した．[8]

　　　　　人間　⇄　世界　→→　……

　うえの図を説明するコトバは，次のシェーラーの指摘で十分である．
　「人間とは，無制限に『世界開放的』に行動しうるところのXである」と．[9]

　この世界への開放性を生きる人間が，本能的に未決着のままで生まれる人間である，という．だからこそ，人間は「『自由に行為する存在』freihandelndes Wesen たるべく課題づけられており，未決着な『自分自身から，なにものかを作り出す』etwas aus sich selber machen ことによって，自分で自分の在り方に決着をつけなければならない」[10]ということができる．今日の学校教育の現実を批判するためにこの人間観は，価値あるのだろうか．筆者には，本質的な〈理念〉として了解できるとしても現実を相対化しうるものをもっていないように思える．

　コトバ尻をとらえるようだが，次の疑問がわくのである．①自由に行為する，といったとき，自由の〈地平〉はどこまでなのか．②なにものかをつくりだすというが，このエトヴァスとは何か．③自分の在り方に決着をつけるというが，その決着のつけ方は何によって可能なのか．これらの疑問は，どれひとつをとってみても重要な課題であり，すぐに何らかの回答を与えることができないが，こうした疑問がそもそも現われる背景には，もとより〈人間⇄世界〉の相互的かかわり，および世界の〈内実〉をどのようにとらえているか，また，〈世界→→…〉という〈方向性〉というか志向の目標ゴールの地点は設定されないで無限なものなのだろうかといった根本問題が伏在していると思われる．そして，これこそ，〈社会的基礎〉の

問題へと導かれる問いである.

2　人間形成の社会的基礎の「自明の前提」とその問題性

　人間形成の社会的基礎を考察する基本的前提は，社会化である．社会化を考える枠組みは，以下の図に見るとおりである．[11]

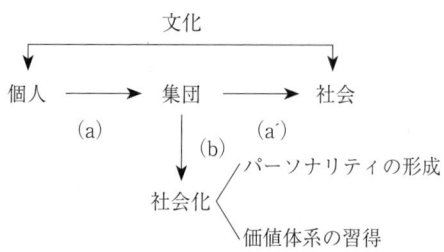

図序-1　社会化を考える基本枠組み

　社会は，野生の世界から日々，おびただしい「新参者」を迎えている，といわれる．そして，社会は，この侵入者を放置しておくわけにはいかない．野生のままでは，彼らの社会生活はおろか，社会そのものの存立がおびやかされる．社会としては，彼らを同化して社会生活に参加させることが解決方法だと考えた．こうして，社会生活に未熟な世代に対して，その社会に固有な文化を伝達し，社会生活に必要な能力や資質を発達させ，彼らを共同体の一員として育てなければならない．これが社会化である．

　社会化は，社会からの意図的な働きかけであることはいうまでもない．具体的には，集団，つまり，集団を構成する人間関係及び，集団の規範にみあった思考様式や行動が可能になるような〈集合的傾向〉を身につけなければならないということになる．図序1で，

人間は集団を構成しているわけだから,社会化は,集団の大きな機能であり,人間は,終生,集団とは切りはなせない.aかa´として,社会に参入するために,bが必須であるという機能的な考え方がそこにある.

社会の性格を集中的にもった場が,まず〈家庭〉であることはいうまでもない.そして,一般に家族は,知的な要素や情緒的な要素まで含めた教育活動を営んでいると考えられてきた.しかし,この行動様式の〈教育的〉枠組みはすさまじいものになっている.つまり,以下の公約の言説は,ほとんど意味あるものとしてはない.

「子どもは,社会的な未成熟者と考えられる.『一人前』の人間になるまでは,社会的に公認された『依存者』であるとして,親はこの依存者である子どもをコントロールして社会的に適応できるように成熟させる役割をになっている.」

未成熟が「可能性」として,潜在能力として積極的に肯定的に了解されていた背景には,可塑性と依存性という人間の性質が条件としてあったからである.可塑性は,人間の内から自発的に活動する力,経験から学びうる能力である.依存性とは,デューイによれば,無助性の状態にあること,人間が他の人間の助力を借りなければ成長できない.だからかえってそのことが,社会化にとって重要な条件となる.

だが,人間が,いや生まれてくる子どもたちが,高度に発達した文明社会に適応し,自立的で自由な〈主体性〉を形成していくためには,生理・生物学的な存在者だけに止まらず,生得的な本能にのみによらず,後天的な影響（学習による）によって,可塑性を個体から引き出す＝erziehen よう努める.そのような〈公言説〉は,今日,家族や学校のなかでむなしく響くのは,筆者だけなのだろうか.

人間は自由に行為する存在だという．世界への開放性を生きる人間が，可塑性，依存性を条件としてもっていることがわかった．しかし，そのことがかえって学校教育の教育システムに組み込まれる共通事項として了解されてしまっていると思われるのである．筆者には，可塑性，依存性が「文化資本」と結合している事態を今日の子どもの人間形成に読みとってしまう．文化資本は，もともとそれを所有しているかいないかによって，学校の成績の良し悪しとの直接的な関係を知るひとつの概念である．

　ブルデューとパスロンは，「再生産」のなかで，文化資本を次のように規定する．

　「文化資本とは，種々の家族的 AP（action pédagogique: 教育的働きかけ——引用者による）によって伝達されてくるもろもろの財のことで，文化資本としてのその価値は，支配的 AP の押しつける文化的恣意と，それぞれの集団または階級のなかで家族的 AP を通して教えこまれる文化的恣意との距離によって決まってくる.」(12)

　今日では，文化資本の価値といえば，むろん，先天的な能力の高さ（たとえば，あの子は生まれつき，東大，京大に入れる能力がある，といった言説）はあるかもしれないが，家庭の教育力でも，学校の指導力によるものではない．

　階級による文化資本の再生産といった実証的な資料をもっていないが，わが国のばあい，その文化資本の価値は，進学塾や進学校が付与するものである．文化が資本であるということは，高い学歴を身につけることと連接して，そのために進学競争に勝つための〈資本〉ということができる．しかし，それは，ブルデューによれば，社会のなかで，身体化された状態，客体化された状態，制度化された状態で存在するという．そこで，「身体化された状態としての『文

化』は，個体の身体からはなれては，それ自体として存在することのない文化的諸能力をさす」という．

　可塑性，依存性が，学歴という教育制度によって介在されて，非人格的ともいえる，社会的地位に転換される．可塑性，依存性を文化的諸能力として具現するためには，あらゆる手だてを講じる．あらゆる手だては，文化的恣意そのものである．そこから降りること，「逸脱」していくことも文化的恣意であるといわれる．

　このように考えてみるならば，「世界開放性」というあの図式，人間⇄世界→→…は，不断に文化資本を獲得していくための営みと考えられなくもない．たしかに，可塑性，依存性は，文化的能力である．しかし，それが個人から離れて，社会的に実在するようになる変化，その変化を善とする社会的，歴史的構造が，人間⇄世界における〈世界〉の現実である．

　いまの子どもたちは，世界内存在として生きる，といっても，ブルデューのいう支配的APと家族的APによる〈押しつけ〉と〈教えこみ〉から逃れられないのである．たしかに家族は，複雑な社会の文脈に入る最初の通路であり，子どもが，そこで既存の集団の規範や行動様式をあらかじめ学び，準備していくための基礎的な「場」である．しかし，いまや家族の集団状況は，おおかた，価値と規範と役割遂行のしかたを教えこむことを超えて，教育の成果を基準にしながら，社会構造の中心的構成要素たる〈地位と役割〉に人びとを配分していくという学校教育への下請け的な状況に陥っているといわざるをえない．学校教育の業績価値本位が，家族生活のなかで，親と子どもの〈自我の境界性〉を不明確にしているという．親子の関係様式が，文化資本の獲得のために凝集性を帯びているといっていい．

文化資本を成功のうちに獲得した人間を，社会化に成功した人間とするならば，それは，「客観的現実と主観的現実（ここにはもちろんアイデンティティも含まれる）との間に高度の調和が確立される」状態をさしているといえる．バーガーによれば，社会化が成功しているばあい，そこでは，アイデンティティをめぐる問題は存在しないという．〈自分は何者であるか〉という問いは，意識にのぼってきそうもない．なぜならば，社会化によって，社会的にあらかじめ定められた文化資本は，主観的にも圧倒的に現実性をもっていて，そこで人びとは，ますます意味ある社会的相互作用のなかで一貫して確認できるからである．

　また，バーガーによれば，社会化の不成功は，「人生遍歴における偶発事の結果としてのみ生じる」という．たとえば，「不具者」とか「私生児」は，子どもの第一次的社会化で社会的に恥とされる「身体的欠陥」とか社会的定義に基づいた「汚名」（ラベリング）によって損なわれたりするケースがある．彼らは，すべて個人的に不幸という性格をもたざるをえない．私たちは，これから社会化の問題性やジェンダーについて考えていくさい，バーガーの社会化の不成功に関する考察は重要である．社会化が不成功に終わるであろう人間について，バーガーは以下のように指摘する．

　「つまり彼が疎遠な世界のなかにでもいるかのような形で事実上囚われている社会的に定義された現実と，その世界をごくわずかしか反映していない彼自身の主観的現実との間には，大きな不調和が存在することになるであろう．しかしながら，この不調和はなんらの蓄積的な構造的帰結をももたらしはしないであろう．というのも，それは，それ自身の制度化された一連の対抗的アイデンティティをもつ対抗的世界へと結晶化できるための社会的基礎を，まったく欠

いているからである.」

　受験とか進学に失敗する子どもたちや,いまの競争社会から「おりた」子どもたちは,おとなのがわからみれば,社会化を不成功に終えた人たちとみなすであろう.そして,彼らは,現時点で,マージナルな集団のなかで対抗的な現実を対象化しようとしないで,「自閉」し,ときに「異界」へとトリップする.

　さて,ここでようやく,私たちは,積極的な意味での「社会化異変」というか〈対抗的文化〉の可能性について言及することができそうである.

付記　本章は,「人間形成の社会的基礎・序説——ジェンダーとスクーリングの視点から——」(『明治学院論叢』第524号「教育学特集」第15号,1993年3月)より一部を加筆と修正を加えて転載したものである.

注および参考文献
(1)　清水清訳『美的教養論』玉川大学出版部,1952年
　　「5 教育を要する『教育学』カント」村井実『原典による教育学の歩み』講談社,1974年,p.104
(2)　村井実,同上掲書,p.105
(3)　村井実,同上掲書,p.101
(4)　『森昭著作集　4　教育人間学(上)』1978年,pp.195-197
(5)　飯島宗享・小倉志祥・吉沢伝三郎編『シェーラー著作集,13,宇宙における人間の地位』(亀井裕,山本達訳)白水社,1977年,p.49
(6)　『シェーラー著作集　13』同上掲書,p.50
(7)　『シェーラー著作集　13』同上掲書,p.176
(8)　『シェーラー著作集　13』同上掲書,p.50
(9)　『シェーラー著作集　13』同上掲書,p.51
(10)　『森昭著作集　4』同前掲書,p.197
(11)　柳洋子『社会集団論』p.68の図を筆者が修正した.早稲田大学出版部,1975年
(12)　ブルデュー＆パスロン(宮島喬訳)『再生産』藤原書店,1991年,p.51

(13) 秋永雄一「文化のヒエラルヒーと教育の機能」宮島喬・藤田英典編『文化と社会――差異化・構造化・再生産――』有信堂高文社, 1991年, p.26
(14) P. L. バーガー = T. ルックマン (山口節郎訳)『日常世界の構成』新曜社, 1977年, p.276
(15) P. L. バーガー, 同上掲書, p.279
(16) P. L. バーガー, 同上掲書, p.280

第1章 学校化社会の
「実存ペダゴジー」

はじめに

　教育学ないし教育理論は，いま危機である．ここで危機という意味は，ゾレン性（当為）が問われているにもかかわらず十分にそれが解決志向へと導かれていない，ということである．ザイン（存在）に徹する教育研究の隆盛が目につくばかりである．

　しかし危機の意味は，現代の教育「問題」が教育学（ペダゴジー）で説明できないほど「錯綜構造」をもっていて，それが人間の問題に尽きるという認識がある．現代社会における人間の問題というテーマは，筆者には第一次世界大戦後ドイツのハイデガー（1889-1976）やヤスパース（1883-1969）らによって端緒を切った実存主義の哲学を想い起こさせるものであるが，フランスのサルトル（1883-1969）を加えて「主体的，現実的人間存在」の回復を願うものであった．

　実存主義の実存とは，人間存在の「在り方」が唯一確実で究極的なもの，という前提に立つ．「実存は本質に先立つ」というテーゼはこのことを言い表しているが，現代社会では「本質」優先を教育価値としている．

　今日の教育は，子ども（教育可能性を生きる存在者）の実存を問うのではなく，子どもの学習と所産（業績的価値）を追う．子どもは，「何をすべきか」を生きる存在としてしか注目されてこなかったの

である.

　小論の目的は,本来ならば近代公教育のシステム批判として立論されるはずのものからあえて距離を置いたところで,現代教育の「主体性回復」＝子ども存在の実存的契機をいかにつかむかを考察することにある.

　田中節雄も指摘するように,「構造的必然性」が明らかにされた時点で問題解決のための〈敵〉の正体が判明したことになる,という認識は重要である. ところで,〈敵〉は,社会構造や学校に在るのだろうか.

　〈敵〉は,子ども自身とおとな自身の「構造的必然性」の「生き方」のなかにある. むろん,こうして思考し続けながら記述している「私自身」も〈敵〉である. だれにとっての〈敵〉かは重要である.

　小論では標題から想像されるように,いまの子どもたちの「荒れ現象」(ムカついて教師に暴言を吐くとかキレて教師を刺殺するといった)を説明するのがねらいではない. 子どもたちのムカつきとキレ(逆ギレも含めて)の現象を教育学の視点で明らかにできるのか疑問である. 明らかにできないのは何故か. そもそもここ数年の間,子どもがキレたり,ムカついたりいじめが起きたりする「心理学的」実在は何によって説明できるのか. 教育理論に何ができるのか.

　キレる子ども,いじめる子どもと共生を願うならば,異質との共存関係の構築,おとなと子どもとのレアールな関係再構築の方法,さらに「構造的必然性」の解読が重要である. 〈敵〉は自分自身に在る,ということは構造的主体の問題と「人間の問題」に関わるわけだが,その問題を説明するコンセプトがみつからない. 教育の問題を問題にするさいの困難は〈内在〉と〈外在〉をつなぐ《もの》

が不可視であるからである.

次に,この〈不可視なもの〉をたぐり寄せてみよう.

1 「学校の先生には視えないこと」とは何か

まず,視えるとか視えないとは何を意味しているのだろうかと考えてみる.

視るとは「他者にまなざしをむける」ことである,というのが筆者の考えである.まなざしは非言語の行為であるが,触れる,交わることと違って理解の双方性が最も密な行為である.そしてその行為は,身体で理解し得るものである.

霜山徳爾は,『人間の限界』(2)のなかで次のように述べている.

「他者にまなざしをむけられることは,同時に他者のまなざしになることである.それは吹きわたる秋風のうちにいると,われわれが秋風になるようなものである.それは他者となっておのれを見ることにもなる.」(傍点引用者)

これを教室の情景と重ね合わせてみると引用の後半の文章,つまり「他者となっておのれを見ることにもなる」という言葉はむなしく響く.学級の中にいる子どもたちはいま他者となっておのれを見ることができないでいる.いやできなくさせる〈何か〉がある.

何故そのようなことが起こるのだろうか.カリキュラムという過密なダイヤを消化する子どもたちに時間的なゆとりがない,とか問題を起こす子どもたち同士の親和とノリの渦中に〈非・教育現象〉(子どもの人間形成に明らかに効果がないと考えられる)を取り上げたことで子どもが視えたことにならない.

学級は本来,教師によって計画された学習を目的とする〈教師,

児童生徒〉から成る「準拠集団」であるから、教師の〈まなざし〉は、業績（成績）を単一の主軸として子どもたちに向けられることは自然である。ここで確認しなければならないのは、「準拠集団」が「自己をその集団のなかの部分として関係させたり、関係させたいと心理的に望んでいる集団」だとして、自分と集団とが業績においてしかつながっていないという現実にある。

たしかにウォーラーが指摘したように、教師が学級に意味づけをすることとは別に生徒（集団）の独特の意味づけが存在すること(3)、またウッズがストラテジーと読んだ状況定義による行為目的の効果的な遂行を日常的に生徒がしている方略の存在を私たちは知っている(4)。この生徒文化とストラテジーは、教師にとって視えるものである。しかし、それは真にまなざしを向けたものではない。他者としての教師は生徒においては、学校文化やストラテジーとは映らず叱責と指導、そして〈学び〉に特化する〈まなざし〉として受け入れられてしまう。評価のまなざしが横行する教室の情景が厳としてある。

教育研究は、教師が教室でそのような〈まなざし〉を向けるように教室文化やストラテジーや偏差値とか保健室登校といった名辞を創って教育事象を読み解いてきた。むろんそれらの教育名辞（言説ではない）は、問題の解決に示唆を与えはするが解決の志向性は子どもの存在の内奥まで響くものであっただろうか。

これほどまでも教育の危機が叫ばれるなかで子どもたちが視えるというのは一度、教育学的思考の名辞というフィルターにかけて読み解いておくことであって、けっして子どもの存在の〈自在性〉にまなざしが向けられていたものではなかった。身近な事例をあげよう。

教師は，保健室や養護教諭のところへ子どもたちがたまるのを嫌う．担任は「本当に具合が悪いのか」とまず疑ってかかるだろう．そして，保健室に行くことが悪循環になることを知っている．「がんばって授業に出ようよ」と子どもたちを促す．保健室に頻繁に通う子どもは，ずるい子どもだと判断してしまう．また，いじめにあった子どもが保健室に来ることで，さらにいじめにあうハメになることも教師は知っているはずである．

　子どもたちは毎日狭い教室で，朝から放課後までストレスのたまる生活を余儀なくしている．担任から「逃げてきている」生徒もいる．教師が保健室を覗く「まなざし」と生徒が保健室に向かう「まなざし」が違うのである．保健室にいて，生徒がホッとするのは，担任と利害関係のない養護教諭やカウンセラーがいるだけだからではない．保健室に来ている人たち同士が〈まなざし〉を向き合わせている現実は，教師には視えない．まなざしが交感しない関係性が，そこに存在する．

　保健室に行くのに許可証が必要とする学校もあると聞く．保健室に溜まって授業に出ない，学級に戻らないのを防止するためだろう．教師の厭味が眼に浮かぶ．学校復帰主義と教室復帰主義に囚われている教師が，「問題」だという指摘もある[5]．

　視えないとは，見ているけれど視ていないということも考えられる．それは「他者性」を引きうけていないことである．つまり他者となって生きていないということである．教室にいる子どもたちは，教師のこの〈まなざし〉をいやというほど浴びせられている．そこから逃れる道は，保健室であったり，体育館であったり，音楽室であったりする．シェルターとしての空間は，まなざしと身体が響き合う空間である．

ここで，あらためて教室とは何かを考えてみよう．

2 教室の存在論に向けて

身近な『教育学大事典』[6]の「教室」の項目を調べてみる．そこには，次の意義が述べられている．「校舎のなかで，教授＝学習活動が展開される施設の一つ．教授＝学習活動の内容と方法に応じて，その形態と組織は大きく異なってくる．」と．

ここにみる意義は明らかに抽象的だ．つまり，教室は学校建築を構成する基本単位なのである．要するに教室が教室組織や教室環境や教室の種類というタームで記述されている教育学の事典に子どもの存在論や教室空間の哲学的・人間学的考察が読みとれない．

子どもたちが日常的に生きる教室は，学習環境や教室の種類，形態で説明することでキレる子どもやムカつく子ども，いじめる子どもに対応することは無駄とはいえないとしても子どもの心を動かすことまでいかない．教育的名辞には脱イデオロギー性がある．この脱イデオロギー性を超えた視点を『教室という場所』(佐藤学編, 1995) に読みとれる[7]．

学校批判の立場からの教室へのまなざしは，次のようになる．

「権力と権威が微分されて編み込まれた場所としての教室．一般社会には見られない特有の人間関係と文化を生成する場所として教室の特徴．(後略)」[8]

重ねて引用してみよう．

「制度化された授業と学習の過程は，その現実において，政治的にも社会的にも文化的にも倫理的にも複雑で多義的な文脈で展開される複合的な内容と価値を含む過程であり，決して，真空状態で遂

行される過程でもなければ,価値的に中立的な過程でもないのである.教室という文脈の複合性を捨象して,心理過程として純化する学習の理論(略)」[9]

　授業と学習の過程に対するまなざしは適格である.この過程を成立させている「イデオロギー性」は権力(政治)と権威(文化)で充たされた教室においてのみ発揮される.しかし,筆者の小学校,中学校,高校での教室認識を想い起こしてみても授業と学習過程が権力と権威で充たされた教室とは想像できない.いまの子どもたちの教室認識はどうだろう.数十分の休みをはさんで教師の「声」(トーク)と日常生活とは脈絡のない文字記号(学校知)の読み解きを間断なく求められる風景は想像できる.それだけである.たしかに佐藤学も指摘しているように,「教室の日常生活のささいな出来事は,すべて,その出自をたどると教室の外の社会に由来するさまざまな権力と文化の混合物」[10]といえる.このささいな出来事は,学級崩壊やいじめ行為と呼ばれる現象ということができるが,生徒自身が権力の荷い手,文化の創造者とはいえないだろう.佐藤学もそのようには認識していないはずだ.

　問題は,ここで「混合物」に注目することだろう.キレる,ムカつく,いじめ行為という自己表出態は,この混合物と深い関連がありそうである.小学校の時,始めて教室に入る瞬間,冷たい空間を身体で感じてしまう経験がある.中学校の正門そして高校の門をくぐって教室に入る瞬間は,今から想えば「不安と緊張」が集約された「何ものか」以上のものがあったのではないのか.「何ものか」とは次の何ものかに近いものがある.

　「朝一番に入った子どもは,自分という存在が教室に持ち込んだものにふしぎな感覚を覚え,他の子どもたちが一人ひとり教室に入

るにつれて，何ものかが教室に持ち込まれ充たされてゆくのを肌で感じていることだろう．」(傍点は筆者による)

さらに，何ものかを追ってみる．「よし，勉強するぞ」というアスピレーションか．今日はどんな一日になるかという想いか．前日の時間割の確認による授業準備への想い入れか．教師のトークと顔はどんなものか．友だちどうしのやりとり，談笑や前日の放課後に直ぐに帰宅せず映画に行った友だちの話など．またミスドーでお茶したこと，帰り道にゲーセンに行き，そしてプリクラを撮ったその時の写真の見せ合いの風景が想像できる．

このように考えてみると，教室とは文化特有の集積体ではなく，教室の外の部分的な生活領域の一端の見せ合いと出し合ううつろな空間のようにみえる．このように教室を認識してしまえば，子どもたちの生活の大部分は〈まなざし〉で向き合う存在空間といえる．

いまの教室は，政治とか文化という名辞で括ることで「子どもの事件」を説明できないことにもう私たちは気づくべきではないだろうか．しかし，説明し，決着をつけなければならない理由がある．

「『教師—生徒』が力学的な関係として表れている，あるいは力学的な関係に変化したということである．関係が力学としてあるから決着つけざるをえなくなってくる．」

これがいまの教室なのである．教師—生徒の関係性は，字義どおりの関係性ではない．教師は「正常な関係」(そのことが政治＝ポリシーでありストラテジー)にいつも揺り戻そうとする《関係》存在なのであり，キレる寸前の力学を教師はぎりぎり生きている．また子どもがわの〈力学関係〉は，次の状況から読みとれる．

「生徒は『気分が悪い』と保健室に行った．しかし熱はなかった．養護教諭はそのため授業に出るようにいうのだが，気分が悪くなっ

たのは,生徒のからだがもう授業を受けつけなくなっていたからである.事実,このところ生徒の保健室へ行く回数は多くなっていた.その意味ではほとんど登校拒否寸前の状態にあったといえるが,かれは養護教諭に促されて授業に行った.無理をして授業に出た.そのことを教師が理解しようとせず,頭ごなしに注意されたのでキレた.少なくとも生徒の側から言えばそういうことになる.」

　この状況は,1998年1月28日,栃木県黒磯市,黒磯北中学校で1年生の男子生徒が女性教師をバタフライナイフで刺殺するという事件の背景を少年の「心理」から追ったものである.新聞報道から説いたものだが,少年の起源にたどりつくまでいくつかの課題を取り上げることができる.むろん,その課題を読み解けばとくほど少年の起源からは遠ざかるというパラドックスを否めない.まなざしの構造特性の政治性といえる.その課題を以下,掲げる.

〔課題〕
① 関係が力学として生ずる教室とは.
② なぜ,決着をつけざるをえなくなるのか.決着をつけるとはどういうことか.
③ 生徒は,なぜ「気分が悪く」なったのか.
④ からだが授業をうけつけなくなったのはなぜか.からだと授業との関連は何か.
⑤ 生徒は,どうして無理して授業に出たのか.
⑥ 無理して授業に出たことを,教師はどうして理解しようとしなかったのか.

3 「キレ」る・「ムカ」つくの深層を読みとく

　教室内だけでなく学校内のどこでも帰宅途中でもまた家庭でもいまの子どもたちはいつも「ムカ」ついている．「キレ」ると「ムカ」つくこととは一種の随伴現象と考えることができるが，双方の因果関係ははっきりしない．「キレ」てますます「ムカ」つくこともあるだろうし，「ムカ」ついた結果が「キレ」たこともある．

　竹内敏晴は「からだ」の観点から「『ムカ』つく」という言葉に注目した (1986 年)．ハラが立つ，アタマニクル，「ムカ」つくという波頭は，「からだとことば」の関係を人間存在の在り方という視座から考えてみる価値はある．人はだれでも「受け入れがたい事態」にいつも対峙して生きているといっても過言ではない．そしてその事態を「言語化」することで「無意識のうちにもつ吐き気」を解消したり，また発語することで意識，無意識に吐いたことにしている．

　「感情の性質が錯綜していることによって吐き出しがしにくい『ムカ』つく固有の事態[14]」ということがあり，日常表現として何気なく「ムカ」つくと言い捨てるのは，「正体の定かではない感情を，そうそうためておくのも心身によくないので，吐き出す工夫[15]」をする感情吐露の所産である．

　行動表現の「キレ」ると違って「ムカ」つく現象は，言語化と身体感覚とが深く関連している．つまり，これこれこういうことをいってやろうといって表現する（しなければならない）内容がともなった「ムカ」つき感情が先にあって「ムカ」つくと言表するのではなく，反射的に「ムカ」つくと口にしたコトバから（自分で自分のコトバを耳にして）感情が高まるのである．

　内容がともなわなく身体感覚に先行して『とりあえず』いってし

まうことを契機にして身体感覚が尖鋭化する．そして身体感覚があとからもついてこない，クリーシェ（常套句）として「ムカ」つくといえる．自己表現の自己確認といえる．

それでは，「とりあえずいっておく」という「ムカ」つく表現の源は何なのだろうか．

ところで，次の指摘をどう考えるべきか．(16)

「『キレ』るという問題は，大人への入り口が非常に狭く，子どもが大人社会を上手に手に入れるシステムになっていないことへの子どもからの異議申し立てでもある．」

この指摘は，妥当のように思えるが，ではシステムを創ればそれで済むかといえばそうではない．おとな社会と子ども社会のボーダーが不可視になっている現在，学校システムだけが「おとなへの入り口」を狭める方法で機能している．子ども社会はおとな社会のなかにあって独自の文化をもっていて「対抗性」の余地を確保できる双方が異質であるという深い認識があるからである．今日の「ムカ」つく感情が子どもたち（青年たち）に伏在していて，文化というおのおのの（感情の）表現をある特定の形式へとまとめ上げていく作用の「主役」者になり得る．「ムカ」つく少年たちの現在（いま）は，彼らをけっして主役にさせないのである．

言語表現が対抗性（文化の）をもち得たのは，言語による自己確認という内省の契機がつかめていたからではないだろうか．ところが，「ムカ」つくという不快が生理的次元にまで急いで還元してしまってさらにその不快の意味は深部にまで降りていかない．自分の気分を言語化してしまうともうそれで終わりなのである．「何がなんだかわからないけど，『ムカ』ついちゃう」というコトバを耳にする．斉藤次郎は，「『子ども』の消滅」(1998)のなかで次の指摘を

している.

「攻撃したくなる対象と自己との関係を,それ以上深く考えたくはない,という判断停止が『ムカ』つくに直結するのである.他者と自己との関係の問題を,一方的に他者の側の落度や欠落のゆえと見なすとき,またしても感情は評価に変質するのである.」[17]

では,この評価とは何なのだろうか.評価というならば普遍的な基準があるはずである.その基準のたて方に問題はないのだろうか.学校社会の監理主義が子どもたちの生活全般の細部にわたって「倫理的な判断」のネットワークを張りめぐらしている現状で,規律や理念からの「逸脱」を許さない事情を子どもたちはよく知っている.ここでも,「異質との共存」感覚が問題となってくる.異質を受けいれる感情が成立するかしないかが重要なポイントなのである.

異質なるがゆえの連帯や結束からは遠い「キレ」は,どのようにして誘発されるのだろうか.あるクラスの中1の子の発言に耳をかたむけよう.ここで子ども自身の内部的な「評価軸」の有無や,子ども自身も自己規制をし自己抑制をしているのだという視点を考えなければならない.教師やおとなは,子どもたちの自己抑制が視えないでいる.

① 「刺したのには理由があるでしょう.注意されて『ムカ』ついたというなら,注意の仕方に問題はなかったんだろうか」
   (これによってその日の議論に火がついた)
② 「きっと『ムカ』つくことを言ったんだよ.よくいるジャン.クドクドいう奴」
③ 「いる,いるー」
   (と反応)
④ 「この子って保健室に行っていて,授業に出ようとしたんだよ

ね．遅刻したけれど授業に出ようとした気持ちってこの先生に
　わかっていないんじゃないかな」
⑤「先生ってさ．自分の授業が滞りなく済めばいいと想っている
　ところってあるよね」
⑥「学校で女の先生がお願いだから刺さないでねって言った．ウ
　ケをねらったんだろうけどみんなシラーっとしていた」[18]

　①では刺した理由が評価になるだろう．しかし，クドクドいった
り，遅刻の理由の弁明も聞いてくれないという内実は評価軸ではな
い．「自分の事情」「自分が追い込まれている」「どうしていいかわ
からない」「自分の今の状況を分かってもらいたい」というのが評
価の枠組なのである．
　他方で，教師の注意や注意の仕方に「評価軸」があるはずだ．机
に戻って授業をうけるという自明性の評価が教師にはある．
　②では「クドクド」いう教師軸は，「分からせること」「言うこと
を聞かせて教室に速やかに入る」ということである．クドくなるの
は生徒が即座の行動変容を示さないからである．また，いつもの通
り「先生のいうことを聞かない生徒」というラベリングが教師のが
わにあったかもしれない．
　④で，「ヤバイな，授業に出るかな」という判断があったのだろう．
でも直接に教室に入るのに抵抗がある．遅刻したけれど授業に出よ
うという意思があったのかもしれない．子どもは，分かっていても
逆行動に出る．
　⑤において，一番の評価軸は教師にとって授業は「だまって聞い
て理解してくれる」という前提がある．教室で教師が授業をすると
いうことは一体どういうことなのだろうとしっかりと考えてみる必

要がある．いままで「学校文化の社会学[19]」で取り上げられ，注目されてきたのは，教師・生徒間や生徒相互の間の相互作用のもとで成立する「間主観的現実」（構成）である．また，教室におけるヴァルネラビリティの研究で「教室内でヴァルネラビリティをいかに縮小していくか，ヴァルネラビリティをもたない生徒─教師関係のあり方をいかに構築していくか」という問いが常に立てられる．教室はそこに生活する人々の間主観的世界であり，合理（授業をうける）と非合理（勉強嫌い，「逸脱」を生きる人がうごめく錯綜の世界）の交錯を無視できない世界である．「せめぎ合い」と「葛藤」の物語としかいいようのない世界である．

　それでは，教室の指導は何のためにあるかという疑問が残る．そして子どもたちにとっての学びとは何なのかという問いもある．〈教え─学び〉がセットになって論じられてきたペダゴジーは，生徒と教師のあいだの葛藤や不和，対立を解消しようという「関係装置」でもあった．このセットを一度外して，教えの地平と学びの地平を〈個的関係〉にまで降りて，〈個〉の自己決定と自己責任が確保される，そういう教室の実現は可能であろうか（実現のあとには，教室概念は消失されるだろう）．

　⑥についてはジェンダー認識がある．まさか女の先生に暴力は振るわない，というジェンダー認識があるだろうか．ウケをねらったかどうか定かではないが，表出的機能（葛藤の解消，調整そして緊張緩和をさす）を評価軸としている女性教師の生き方，在り方が想像できる．ジェンダーを超えて，担任が生徒たちと対峙すれば，生徒たちは女性教師のウラを読んでしまう．

4　教室の実存的世界を求めて

　教室とは，対面的相互行為の場である．ゴッフマンのいう「双方が直接的身体的に相手の面前にあるとき，それぞれの行為主体が〔与え合う〕相互的影響」[21]の場でもある．それも《パフォーマンス》の世界である．45〜50分という授業のセルと，その次のセルの間にセットされる〈休み〉に〈パフォーマンス〉は何らかの仕方で教室でだれかに影響を与える挙動の織り成す世界でもある．子どもたちはパフォーマーであったり，オーディエンス，観察者，共同参加者だったりする．このような教室の実態をとらえ，ひとりの教師が教室という世界に分け入り，自己反省的に内側から教室をとらえ返した「教室のフィールドワーク」の著者にジョン・ホルトがいる．1980年代にみられた「教室の荒廃」の原風景が今日の学級崩壊現象と奇妙にも一致する．いくつか拾い読みしてみよう．

① 教師の思いこみ—子どもたちにとって学校とは，教師が日々刻々押しつけてくる，課題そのものとしてしか，ほとんど理解されていないことだ[22]．

② ほめることの内に潜むもの——ぼくたちの現代的な教育法，そして万事やさしく懇切丁寧で，人間的なふれ合いを求めていくやり方そのものが，子どもたちに，自分自身と自分がしたことを混同させている——（中略）大人の世界と関わったときだけ，その時に限り，厳しく，ベトベトしたところがないやり方で，紋切り型に扱われるけれど，それ以外は放っておいてくれる——多分，こんな世界の方が，子どもたちにすれば生きやすいのだ[23]．

③ 我々が学校の授業を通して子どもたちの前に差し出して見せ

たものは，意味のない，世の中の断片に過ぎなかった．互いに無関係な部分の寄せ集めであり，その全てが子どもたちの現実経験の一切と切り離されたものだった．とにかく，あらゆる面で自分を信じるんじゃないよ，と我々は子どもたちに教え込んでいたのである．⁽²⁴⁾

　ホルトが描いた学校という世界の構図は，わが国の今日の「教育の現実」の原風景といえる．その解決策はあるのだろうか．ホルトは，学校へ「やらない・行かない」のホームスクーリングを目指した．しかし，〈学校〉に問題解決のメドを立てられないだろうか．
　すべてに批判的になり，あらゆるものに懐疑的になることも重要である．たとえば，子どもたちが「キレ」る背景に授業についていけない理由がある．かつての荒れは，何かのメッセージを発していたが今の荒れは"八つ当たり"的であり，幼児がダダをこねているかのようにみえる．たしかに子ども自身「キレ」るというコトバでその原因をすべて相手に押しつけているように私たちおとなには思えることがある．それ以上，話し合うことを拒否してしまう子どもがいる．
　その背景に「キレ」ても構わない，「キレ」ることは悪いことではない，という考え方が生徒のなかにある．⁽²⁵⁾ では，なぜ今の子どもは「キレ」て構わないと思うようになったのか．なぜ「キレ」ることが悪いことではないと思うようになったのか．自己抑制力・不満耐性力がまともに育っていないとか親の過干渉のため感情表現がうまくできなくなっている，というように「心理学」的なカテゴリーで括って説明できるものでもないように思える．子どもの生活世界のなかに〈因果律〉をみつけることができるのだろうか．

C. E. シルバーマンは,「教室の危機」(1970) で, もうすでに次の指摘をしている.⁽²⁶⁾

「生徒は教師や自分自身に対決するなどということは, 奨励されるどころか許されてもいない. 生徒たちには, 何を学べきか彼らなりの確固とした考えを養なう機会は, ほとんど与えられておらず, その理由も示されることはない. それよりも大多数の学校では, こうした彼らの考えを教師にぶつけてみるなどということは頭から抑えられてしまっている. おしなべて, 生徒は教師側の望むことを, 彼らの望む方法で勉強することを要求され, それ以外のつまらぬ考えはやめろというわけなのである. 探求の自由, 自己が何者であるか, また, 何を信じるのかということを発見するために自己の思考能力を使うなどということは, うまく経営されている学校では許されない贅沢というものなのである.」

知識などは自分たちには関係ない, 自分の将来の生活には関わりのないものだと子どもは考えてしまう. 疎外感, 権威に対する反発, 文明や規律, していいことと悪いことの分別, これらの判断は教室において, 学校において, そして家庭において, 通学途中や放課後において生きていない. 生きていないということは, 以下の言説風景に読みとれる.

「〈きみ〉—〈ひと〉の, 〈君〉—〈臣〉の関係が, (いまの友だち関係や権威的関係, すべてがすべてではないが, 校長や教師の迎合関係——引用者注) ひとびとの関係の錯綜した網の目のすみずみまでを貫徹し, 〈おのれ〉がたんなる〈ひと〉に堕するような世界において, あるいは〈われ〉—〈もの〉の一方的な関係が〈われ〉の顔を人間にとっての効用性のみに還元されたのっぺらぼうな〈もの〉の顔に似せてかたどるような世界において, 真に相互的な〈お

もて〉のはざまは，遠い追憶の痕跡としてすらほとんどあらわれることがない．真に相互的世界をかたちつくることのない，〈まなざし〉regardというようなどぎつい言葉がわがもの顔に世の中を横行し，〈おもざし〉ということばがもうほとんど古語の仲間入りをしたような，そのような時代のあり方をわたしはにくむ.」[27]

にくむのは，坂部恵ひとりだけではない．そのような時代のあり方がどこかおかしいと誰もが思っている．この〈にくむ〉感覚は，クリティカルな感覚と通じ合っている．〈おもて〉に対する生きた感覚を誰でも失いかけている．〈おもて〉とは坂部恵によれば，〈見るもの〉と〈見られるもの〉とが，あるいはまた〈見えるもの〉と〈見えないもの〉とがはじめてかたどりをえて2つながら立ちあらわれるはざまのかたどりだという．

見ること と見られること が乖離している状態，〈こと〉の双方的関係の絶対が，見ることの〈行為主体〉の一方的な〈もの〉化へととりこむ事態をどのように考えたらいいのだろうか．ここに〈おもざし〉のきっかけをいかに創るかの課題がある．坂部恵によれば，〈おもざし〉とは，〈見るもの〉であると同時に〈見られるもの〉であり，この両義性をその存立の境としているものである．

両義性ならぬ絶対性を生きようとするおとなもそれに従うよう要求される子どもも〈境〉を失っている．いやむしろそれを避けているおとなが余りにも多くいる．

しかし嘆いてばかりいられない．〈にくむ〉気持ちを教室でいかに表わすか．教育的関係を〈おもて〉の関係へといかに転位できるのか．〈おもざし〉が「沈黙の声に聴き入る〈思ひ〉を含む」ならば子どもたちの学校生活でそのような〈思ひ〉を浸ることができる

5 教室の実存へのペダゴジー

　教師とは,「教師という役割存在によって, ある文脈の中に子どもの『からだ』を置こうとする一つの制度あるいは装置(28)」といえる. ある文脈すなわち知識の集積体を時間軸に沿って分節し学習という営みが教師によって（子どもたちが）規定されるという特異性をもっているのが教室である.

　ここで注目したいのは,「からだ」である. 庄司康生は, こう指摘する.「教室は, 子どもの『からだ』を捨象し, "今"に代えて『過去』を主題とすることによって秩序と構成を維持してきた装置」である(29). 学びの結果を〈学業成績〉とし, それとひきかえに学びの"今"という生命（いのち）を捨象する. 庄司康生は過去性の場としての教室維持をやめ, それ以前の空間に一度もどすことを提唱する. "今"の場として支え, 維持していくプロセスの復権である.「からだ」に注目することは重要である. 存在全体としての体験・経験が教室に生き続けていくために今日でも「からだ」を捨象してはならないのだが, 教室でどうしても子どもを審査される対象としてしかみない.

　どうしてなのだろうか. 私たちは, 主体と客体を切り離された対立関係として定立し, 認識と行動の相乗関係を善しとする近代的思考を生きている. したがって, 操作される物体として, 測定可能な存在として扱われてきたからだは, 他者のからだを操作すべき物体としてしかみない.

　いじめがふざけは, ちょっとしたいたずらや感情的な憎しみに基

づくものではなく，もっともっと構造的なものである．子どもに対する配慮や管理の徹底によっても，これでもかこれでもかと噴出してくるのは構造の深さを物語っている．いじめを解消する手だてとして竹内敏晴はこう述べている[30]．

「ことばが人間のからだに根ざし，からだから生まれ，そしてからだからからだへ手渡されつつ次第に昇華し，からだから自律していくという過程を，真に教育の中で取り戻すこと．」

「表現しないからだ」を描写する竹内敏晴はこう指摘する．少年たちの現在（いま）を明晰に述べている[31]．

「支配と操作に反抗しない．しかし受け入れもしないからだ．からだは内に閉じて，意識はもっぱら不快の自己知覚の微細な変動に集中される．世界へ向かって働きかけてゆく主体は，いわば停止したままで，すべてのエネルギーは不快のバランスを宙吊りのまま，安定させるようなイメージの構築に向けられる．ナイフがそのための錘になることもあるだろう．」

存在の仕方の崩壊ギリギリを生きている教室の子どもたちを想像してみる．この子どもたちと対峙する教師にとっての実存ペダゴジーは，以下の視点をもつ[32]．

① 人と人とのまじわりは，根本的に，わたしがあなたとふれ合うことに始まる．

② 相手が自分とは全く異なった「他者」であることを，突きつめて考え，向かい合うことがほんとうにできるかがつねにつきまとう．

③ 子どもは大人にとって徹底的に未知なるものだ．わたしのからだが追っても追っても，常にかるがると先へ跳びはねてゆく姿を驚きと怖れとをもって感嘆するしかない，根元的な他者で

ある.

④ 人間が空間のなかにいるその仕方は,人間をまわりからかこんでいる世界空間の規定ではなく,主体としての人面に関連づけられている志向的な(intentional)空間の規定なのである(33).

⑤ われわれは,空間を欠いた主体としてではなく,身体をとおしてそれ自身空間的な形成物として,より大きな包括的な空間のなかへ埋めこまれているのである(34).

⑥ 「たしかに個々の人間の,ひいては個々の子どもの個性を重んじることは大事であることに変わりはない.(中略)個性を大事にすることとは,第三者的な仕方で他の人間との比較により個々の人間の存在を肯(うべな)うことではなく,その人の実写がかけがえのない・個・という唯一性をもっていること,それゆえ他の多くの人間の中の一人としてではなく,その人の存在が,その人自身にとっては,他の人びとを含めた世界そのものの源泉であるということを肯うことである」(35).

まじわりとふれ合いがある.他者と共振する関係がある.根元的な他者への認識をもつ.主体としての人間に関連づけられている志向的な空間が存在する.身体をとおしたそれ自身空間的な形成物としての包括的な空間(人間形成空間としての教室の見直し)がある.その人のかけがえのない個という実存を生きることと実存どうしのかかわり合いとぶつかり合いがある.

これらの人間的な営みは,教室や授業でいかに可能だろうか.

ペダゴジーは,教育についての実践理論である.子どもの教育に関する学である.その科学(ル・シアンス・ペダゴジーク)つまり教育実践学は,教育行為の諸条件を研究する学問分野,教授学とカ

リキュラム論そして教育方法ならびに教育技術学，評価学を含む．しかし，小論では《教室のペダゴジー》の可能性を追ってきたが手法やテクニックではない．実存のペダゴジーは，他の諸学と同じ次元にあるものではない．強いていえば，教育哲学，もう一つは教育展望学なのである．[36]

教育哲学といってもルソー，ペスタロッチ，ディルタイの純理論的考究ではなく，サルトルの〈人間臭い存在様式〉の眼でもって荒れる学級をとらえかえすことに近い．ルソーの「原型的人間」(自由であって自分のことは自分で決定し誰にも頼らない一個の存在者)[37]を子どもの存在のあり方に重ねて実践することが求められている．そしてヤスパースの〈実存開明〉性が教室のペダゴジーになりうるか検討することの試みでもある．[38]

しかし，私たちは注意しなければならない．実存ペダゴジーの実存は「存在可能が─現存在の実存性が─同時に『事実性』によって限定されている」[39]というものであって，「ある純粋の可能（ケンネン）のなかに，いわば自分自身の前に可能性として立っているのではなく」[40]，子どもに向かって「関わり存在」(ツー・ザイン)と「存在可能」の固有性として私たちがまなざしを向けることである，と．

6　今後の課題

小論で，子どもの荒れ（キレとムカツキ現象）をどう考えるかという基本的な問いに基づいて実存のペダゴジーの可能性を考察してきた．教室でのハウツウを目指したものではない．むしろ教師の〈実存的構え〉，〈心身未分の構え〉の交錯（齋藤孝）に注目した．本論と関連深い著作はいくつかある．齋藤孝「教師＝身体という技術」

(世織書房, 1997), 奥村隆「他者という技法」(日本評論社, 1998), そして村瀬学の「怒りの構造」(宝島社, 1993) などである.

教室は反省されさえすれば有意味な (子どもと教師の) 体験として切りだされうるものだといったオプティミズムに立つことではない. 教室のできごとは「私」の予想をはるかに超えて, 毎日「何か」はよくわからないような体験の双方性が生徒と教師のあいだで展開している.「〈私〉の内的持続の流れのある一点において,〈私〉の身体の内奥深く絡みあい,〈私〉だけの時間と分かちがたく結びついている⁽⁴¹⁾」という体験を「主体＝他者」として生きている教室をイメージできる. 筆者はその教室の実践者として与していない. 頭でっかちの教育研究者の抽象的なペダゴジーを夢想しているだけである.

さいごに, 齋藤孝の次の指摘を戒めとしたい.「身体が教育研究において有効な概念となるためには, 身体の動きが研究者自身の『方法』として技化されていくプロセスが不可欠である.⁽⁴²⁾」

教育研究のアイデンティティを述べたものであるが, 大学の教育実践はむろんのこと, 自分の生活における社会実践の局面においても要請されていると考えている. その技化のプロセスのなかに今後の課題として, 次の2つを記しておきたい.

(1) 小論では〈実存〉の思想の動機とペダゴジーが不十分であった. ハイデガー, サルトル, ヤスパース, メルロ-ポンティの著作の読み解きを〈引用による解釈〉ではなく深く, 広く開始しなければならない.

(2) ペダゴジーは《差異》に注目し, 一元化価値を求めない. 錯綜と矛盾の世界で子どものアイデンティティと主観はいかに構成さ

れるかを探求すること．ペダゴジーによる《内省》のみを行う生徒の経験を優先視しないこと．個性やジェンダーにも関心を向けたい．教室という集団過程のなかで差異の発展はいかに生じるのかを注目する．関係の成功や失敗を巡り教室が維持されていく過程に注目すること．個人経験と集団経験の弁証法的分析を行うこと．集団のなかの個人が《自己理解》をするだけでなく，そのことが《他者理解》へとつながっていく「経験の相互性」の探究を行うこと．[43]

付記　本章は，「教室の『実存ペダゴジー』の構築―キレる，ムカつく子どもから学ぶ―」(『明治学院論叢』第626号「教育学特集」第21号, 1999年3月) より大幅な加筆と修正をして転載したものである．

注および参考文献
(1) 田中節雄『近代公教育，装置と主体』社会評論社, 1996年, p.35
(2) 霜山徳爾『人間の限界』岩波新書, 1975年, p.55
(3) ウォーラー, W.（石山脩平他訳）『学校集団』明治図書, 1957年
(4) Woods Peter, Teaching for survival, Woods Peter, Hammersley Martyn Ed., *School Experience*, Croom Helm, 1977.
(5) 藤井誠二『学校の先生には視えないこと』ジャパンマシニスト社, 1998年, pp.50-60
(6) 細谷俊夫・奥田真丈・河野重男編集代表『教育学大事典』第一法規, 1978年, pp.323-327
(7) 佐藤学『教室という場所』国土社, 1995年
(8) 同上掲書, p.3
(9) 同上掲書, p.5
(10) 同上掲書, p.5
(11) 同上掲書, p.4
(12) 山崎哲『「少年」事件ブック』春秋社, 1998年, p.3
(13) 同上掲書, p.4
(14) 齋藤孝『「ムカツク」構造』世織書房, 1998年, p.64
(15) 同上掲書, p.64

(16) 汐見稔幸「自己信頼感をもたせよう」『AERA』No.48,『子どもがわからない』朝日新聞社, 1998 年, p.98
(17) 斎藤次郎『「子ども」の消滅』雲母書房, 1998 年, p.95
(18) 宮川俊彦『キレる理由』同文書院, 1998 年, pp.44-45
(19) 木原孝博・武藤孝典他編『学校文化の社会学』福村出版, 1993 年
(20) 瀬戸知也『教室の生活とヴァルネラビリティ』同上掲書, pp.155-156
(21) E. ゴッフマン（石黒毅訳）『行為と演技』誠信書房, 1976 年, p.18
(22) ジョン・ホルト（大沼安史訳）『教室の戦略——子どもたちはどうして落ちこぼれるか——』一光社, 1987 年, p.39
(23) ジョン・ホルト, 同上掲書, p.74
(24) ジョン・ホルト, 同上掲書, p.77
(25) NHK 少年少女プロジェクト編『中学教師の胸のうち』岩波ブックレット No.469, 岩波書店, 1998 年, p.31
(26) C. E. シルバーマン（山本正訳）『教室の危機』サイマル出版会, 1970 年, pp.374-375
(27) 坂部恵『仮面の解釈学』東京大学出版会, 1976 年, pp.22-23
(28) 庄司康生「からだを通して教室を見る—制約から可能性へ」佐藤学編『教室という場所』国土社, 1995 年, p.133
(29) 庄司康生, 同上掲書, p.150
(30) 竹内敏晴『教師のためのからだとことば考』筑摩書房, 1999 年, p.166
(31) 竹内敏晴, 同上掲書, pp.16-17
(32) 竹内敏晴, 同上掲書より, ①=p.237, ②=p.238, ③=pp.245-246
(33) オットー・フリードリッヒ・ボルノウ（大塚恵一他訳）『人間と空間』せりか書房, 1978 年, p.257
(34) オットー・フリードリッヒ・ボルノウ, 同上掲書, p.265
(35) 中田基昭『教育の現象学』川島書店, 1996 年, p.81
(36) ガストン・ミヤラル（石堂常世訳）『教育科学』白水社, 1987 年, p.8, 113
(37) ボルトマン『生物学と精神』ボルノウ／プレスナー（藤田健治他訳）『現代の哲学的人間学』白水社, 1976 年, p.138
(38) 「実存開明はあらゆる認識をこえて出てわれわれを認識しえないことへと, 無知へと, すなわちわれわれ自身とわれわれの自由との実存的な意識へと導く」ウィリアム・アール『カール・ヤスパースの哲学における人間学』同上掲書, p.248
(39) ヘルムート・ファーレンバッハ「ハイデガーと『哲学的』人間学の問題」同上掲書, p.281
(40) ヘルムート・ファーレンバッハ, 同上掲書, p.281
(41) 吉沢夏子他, 江原由美子他編『現象学的社会学』三和書房, 1985 年, p.75

(42) 齋藤孝『教師＝身体という技術』世織書房，1997年，p.12
(43) この視点にヘンリージルの一連の研究がある．〈批判的ペダゴジーのための言語構築〉の試みや〈批判的ヒューマニズムのペダゴジー〉の模索である．Henry Giroux, *Border Crossings*, Routledge, 1992. Greta Hoffmann Nemiroff, Reconstructing Education; *Towards a Pedagogy of Critical Humanism*, Bergin & Garvey, 1992. Wilfred Carr, others, *Becoming Critical*, The Falmer Press, 1986.

第2章 生徒による授業評価と教師文化の変容
―ある高校の事例から

1 問題意識の所在

　今日の教育改革では，各学校の自主性，自律性を基調とした学校経営の推進，言い換えればさまざまに生起する教育問題に対して，個々の学校が当事者能力を向上することを求めている．これに対して，本章では教師文化の形成，分化という視点から，「改革」が学校の現場におろされる時に生じる問題を検討する．教師文化を，教師が共有する価値観とそれに基づく一連の行動様式を指すものとすると，学校改革を支える教師文化の形成は重要な意義をもつものといえるが，実際の学校では教師の多様な教育観が存在している．学校改善の取り組みは，こうした個々の教員の意識と行動をどのように結びつけてゆくのか，またそこでの課題は何か，実践事例として「生徒による授業評価」を取り上げ，そこでの問題点の考察を通して学校改善に向けた教師文化形成の方向性を探りたい．

　さて，学校の置かれた実際の姿に目を向けると，生徒や親，地域社会の変貌，またより広範な社会状況の変化の下で，現場は常に継続的な改革が求められている．同時に，その改革は学校教育全体に向けられるとともに，各学校独自の課題も有している．特に，ここでは高等学校での実践を中心に考察を進めるが，そこでは普通科や職業科，全日制，定時制といった学校種別や，進学校・非進学校，

教育困難校など，個別の学校状況が教育活動を規定している．さらに，学校は教員の組織を有し，そのフォーマル，インフォーマルな組織の形成が，学校のもう一つの独自性を形成している．

また，改革の内容についても，授業内容や方法，課外活動や生徒指導など生徒への直接的な教育活動に関わるものから，親，地域との関係改善，さらに研修体制や意思決定などに関する学校組織のあり方まで，広範な内容を含むものである．

こうしたなかで，今回取り上げるのは，授業内容や進め方を中心にそれを生徒に評価させ，その結果を教師にフィードバックするという「生徒による授業評価」の一連の取り組みについてである．フィールドワークを中心にした実践事例の考察を通じてのねらいは，一つには大学教育の場では一般化してきたとはいえ高校教育の現場では数少ないこの取り組みがどのような経緯で生じたのか，またそれが可能になった条件は何か，さらにその特徴と成果，課題を明らかにすることである．今一つは，特に事例校の教師文化に焦点を絞り，そこからこの取り組みの過程や成果と課題の考察を再検討することである．

ところで，教師文化については，主に教育社会学，学校経営学等で議論がなされている．それらの議論から，教師文化をひとまず「教師特有の職業文化，つまり教師が共有する価値観とそれに基づく一連の行動様式」と定義する．ここでは，教師文化一般とともに，事例校固有の教師文化（教師文化全体との対比から学校組織文化ともいわれる）を視野に入れ，その形成・分化が一連の取り組みとどのように関連したのかを考えたい．というのも，学校組織を実質的に支える教師の具体的な活動の考察抜きには，生きた改革の展望はもてないと考えるからである．

すでに，教育社会学では1980年代後半には，教師研究の一環として教師文化研究の動向もレビューされ，そこではたとえば足並みをそろえることを重視する「同調圧力」が教師間に存在することや，それが学校状況によって異なって表出することなどが明らかにされてきた[(1)]．それらから示されるのは，教師文化が教師の行動を律する働きをもつとともに，それが周囲の状況を把握する上での教師の解釈枠組みとしても機能しているという点である．また，学校経営という視点からの教師文化の考察では，主に学校改善のために組織文化をどのように形成すべきかからそのあり方が検討されている[(2)]．ここではそれらを踏まえながら，事例校固有の課題から検討を始めたい．

2 研究の対象と方法

(1) 事例校の特性

事例校である高等学校は，都市圏にある私立男子校である．高等学校における学校改革，とりわけ「生徒の視点に立った改革」が期待されながら実際の取り組みが少なかったなかで，1990年代の初頭から「生徒による授業評価」に取り組んだ学校の一つである．それまでの経緯については以下で触れるとして，ここではこの問題を考える上で必要と思える範囲で，学校のプロフィールをとらえておこう．

まず，学校規模であるが，生徒数や教員数は年度ごとに増減があるので，今回の「生徒による授業評価」の開始時期でみると，生徒数約1,200人，教員数約80名（非常勤講師を含む）である．受験上の難易度は中程度で，進学希望者が9割以上．教員構成をみると，専

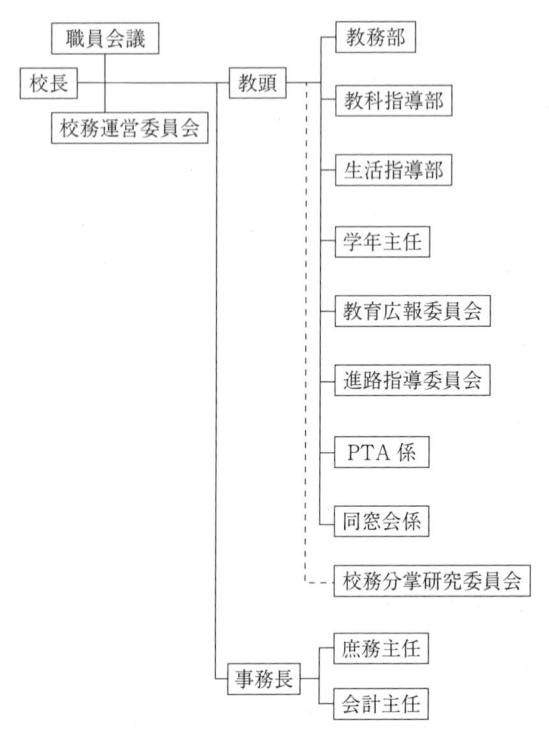

```
            ┌─ 職員会議
    校長 ──┼─────────────── 教頭 ──┬─ 教務部
            └─ 校務運営委員会         ├─ 教科指導部
                                      ├─ 生活指導部
                                      ├─ 学年主任
                                      ├─ 教育広報委員会
                                      ├─ 進路指導委員会
                                      ├─ PTA 係
                                      ├─ 同窓会係
                                      ┊
                                      ┈─ 校務分掌研究委員会
                                     事務長 ──┬─ 庶務主任
                                              └─ 会計主任
```

図 2-1　事例校の校務分掌

任：講師比は 7：3, また女性教員の数は全体では 2 割弱, 専任に限ってみると 1 割に満たない. 年齢構成では, 全体で 50 代以上が約 3 割弱, 40 代が約 2 割弱, 30 代, 20 代がそれぞれ 3 割弱で, その内, 卒業生が約 1 割を占めている. これらの諸特性は, 同時期に行われた私立高等学校教師に対する調査等と比較してみても, 特異なものではない. なお, 教員の校務分掌組織については, 図 2-1 のとおりである.

(2) 事例校における「生徒による授業評価」の概要

① 実施の方法

事例校において「生徒による授業評価」が実施されたのは，上で触れたように1990年代初頭である．以降，年1回のペースで実施されている．当初，11月に実施されたが，結果を生徒に伝えるための機会を保証するという視点から，3年目より実施時期は1学期末に変更された．

実際のすすめ方は，資料1（文末に記載：以下資料も同様）にもあるように，各科目の教員ごとに「声の大きさ」「説明の仕方」「黒板の使い方」「生徒に対する注意の仕方や接し方」「授業内容や進め方が自分達の関心や理解にあっているか」「授業内容がためになる・力がつく」「先生の熱意」の各項目について，「いつもとてもよい」：5から，「かなり不満である．改善してほしい」：1までの5段階で評価させるものである．また，この際，1，2の評価をつけた科目については，自由記述で要望や意見を具体的に聞くという形をとっている（2年目以降は5をつけた科目についても，理由を自由記述でとっている）．実施は，各クラスのホームルームの時間に1コマ分の時間をとって一斉に行い，評価票への記述は無記名である．

② 集計および結果の扱い

実施後の評価票は，5段階の評価が事務職員によってパソコンに入力・統計処理される．統計処理の内容は，学校教員全体を単位とする集計，科目ごとの集計，個人ごとの集計の3つである．また，自由記述結果についても，事務職員が生徒のコメント全文をワープロで逐語入力する．これらの結果は，まず生徒に対して全体の集計の概要を放送で通知している．また，教員に対しては，教員全体に関するデータが職員会議で示された上，個人には自分の担当するク

ラスごとの5段階の集計結果と，自由記述の逐語データが配布される．教員によっては，その個別データに基づいて生徒へのフィードバックを試みている．さらに科目ごとの集計は，学年及び各教科の主任によって構成される教科指導部（図2-1参照）で検討に付された．

結果は，当初この3通りの扱いに限定されたが，開始3年目以降は教科単位で各教科担当教員のデータを検討することになった．なお，集計結果は，教科指導部の代表である教科指導部長が一元的に管理している．これらデータの扱いについては，あらためて触れたい．

(3) 事例研究の方法

本研究では，主に①参与観察，②教員へのインタビュー，③生徒（卒業生を含む）へのインタビュー，④生徒へのアンケート調査，⑤基礎資料の収集をもとにすすめた．

事例校の選択については，この種の取り組みが高等学校全体でまだ限られていることもあるが，筆者が非常勤講師として事例校に関わったことも一つである．その点からいえば，本研究は参与観察によって得られた経験的データがその基礎に置かれている．同時に，そのことに基づく事例校理解の制約も考えられる．というのも，非常勤講師は学校の内部で活動するものの，組織においては外部の位置に立つことが多い．結果的に得られるデータは立場上の制約を含んでいる．同時に，その位置にいることによって得られるデータもある．特に，生徒たちとの関わりから得られるものは，専任教員によって得られるもののそれとは異なる場合がある．

非常勤として在任中も，追加研究という立場からの関わりを専任教員に対して時々に伝え，その上で取り交わされた討議等から，得

られたデータについての検討，意見交換もすすめてきた．ここでは，それらを全体として扱うが，具体的には教員の意見や数量的なデータに関しては学校外部にも公開された資料を中心とし，それを分析する形でフィールドワークによって得られた知見の考察に当たりたい．

3 「生徒による授業評価」の背景

すでに何度か触れたように，高等学校における「生徒による授業評価」の私立学校における取り組みは，学校ごとの試行錯誤が紹介されはじめているが，今日でもまだ限られたものである．では，数少ないこの取り組みが事例校でどのような経緯から生じたのか，またそれが可能になった条件は何かについて，その背景を振り返っておきたい．

(1) 変化する生徒像

事例校は，1960年代半ばに生徒数の急減期を迎え，生徒確保を教職員全体の手で積極的に取り組んだ歴史をもっている．個々の教員による中学校訪問等の外部への働きかけの一方，教育方針に関しても「めんどうみのよい教育」「生徒の人格を認め規則や処罰で取り締まらない教育」等の独自の取り組みに特徴づけられるものであった．これらは事例校の特徴として一定の社会的評価を受け，生徒減を乗り切ることにつながるとともに，この学校におけるその後の教師の共同性を支える一つの重要な要素となった．

しかし，1970年代後半以降，社会的な学校の「荒れ」を背景としながら，生徒と教師の関係が成り立たない，指導・授業の不成

立,欠席・遅刻の常態化等に直面する.そのなかで,「めんどうみのよい教育」「生徒の人格を認め規則や処罰で取り締まらない教育」等の教育に関する基本理念が,保護者からも問われることになった.それを受ける形で,1980年代に入ると「めんどうみのよい教育」を踏まえながらも,生徒の「自己管理力」や「規範意識」を育てるという観点から教師による「管理・指導」の必要性が提起され,実践とそれに基づく校内研修で議論が積み重ねられた.その結果として,生徒指導の強化,特に「自己管理力」の形成を前提とした「管理(生徒への規律の要求)」が,教育指導の「基調」として打ち出されてゆく.

こうした指導の展開は,外部や教員の一部からの批判を受けながら継続した議論が定期,不定期の校内研修で議論され,部分的な修正を受けながらもその指導は継続されてきた.その過程で,学校状況は「授業の成立」「出欠席」という点からは一定の落ち着きを取り戻していった.1990年代に入って始められた「生徒による授業評価」も,これらの動きを受けたものである.つまり,「生徒へ規律を求めるだけの授業を教師がしているのか」が議論の発端となっている.

(2) 授業改革の動き

「生徒へ規律を求めるだけの授業を教師がしているのか」という問いかけは,授業内容とカリキュラムに関するものと,もう一方で授業の進め方(教授法)に関するものの2点である.授業内容という点からは,全国的に1994年から実施された高等学校における新教育課程(通称新カリ)の導入に先立って,現場ではすでに多くの実践が試みられていた.同時にそれは,各学校ごとの固有性をもって

いたが，事例校で中心に位置づけられていたのは「生徒の目線（生徒の生活そのものや生活感覚，認識の仕方，理解力）」に合わせた授業内容の展開であった．具体的には，既存のカリキュラムが知識の体系性に基づいた構成をとるのに対して，教科書から離れた独自の授業研究等が企図されていた．また，教授法に関しては，教材開発や1クラスを半分に分けた分割授業，チームティーチング等が試みられつつあった．

ただし，授業内容に関する考え方は，単に授業規律との関連のみで議論された訳ではなく，大学受験への対応や高校生として最低限の学力の位置づけなど，生徒にどのような力をつけさせるのかという多様な内容を含んでいた．その上で，試行的に取り組まれる授業が生徒の実態とかみ合っているのかをあとづけてゆくことも，「生徒による授業評価」の目的の一つに位置づけられていた．

(3)「生徒による授業評価」実施への動き

これらを背景として，実施に向けた具体的な活動は開始初年の1学期末に「教科指導部」から職員会議に提起され，各教科，各学年で議論，検討され，実施の筋道がつけられていった．その過程では，実施に対して懐疑的な見方も示された．「生徒は自分の授業に取り組む姿勢を抜きにして教師を批評するのではないか」「厳しい教師や自分に合わない教師には悪い評価をつけるのではないか」「非常勤講師には勤務評定にならないか」「やるのなら一斉でなくも各自でやればよい」等がそれである．これに対して，「ある程度は生徒の自分勝手な評価も勘定に入れる」「講師には事前の了解を取る」「一斉にすることで全体的な状況をつかめる」等の視点から実施の運びとなった．

4 「生徒による授業評価」の結果と教員の受け止め方

(1) 全体としての教師の受け止め方

さて，実際に「生徒による授業評価」が実施され，その結果が明らかになるなかで，教師はそれをどのように受けとめていったのか，以下では外部に公開されたデータからみておこう．

図2-2は，開始初年に実施されたものを全体でみた結果である．評価の5と4，つまり「いつもとてもよい」「よいときが多い」の合計でみると，「声の大きさ」や「先生の熱意」がともに70％を超え比較的高く評価されているが，「授業内容や進め方が自分達の関心や理解にあっているか」「授業内容がためになる・力がつく」はそれぞれ50％代にとどまり，課題の多いことが資料でも指摘されている．

これら全体の傾向を踏まえて，各教師には自分の受け持ったクラスの生徒が各項目につけた評定と，自由記述の逐語データが返され

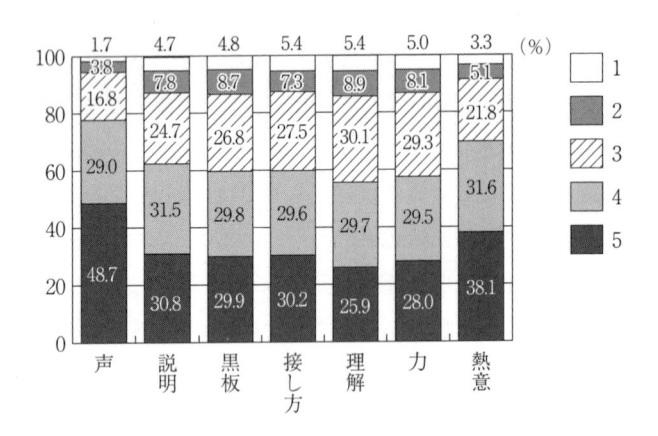

図2-2 開始時の「生徒による授業評価」の項目別比率（全体）

る．資料2（文末記載）は評価1と2，つまり「不満である．もう少し改善してほしい」「かなり不満である．改善してほしい」としたものの自由記述の一部である．当然これはすべての教員に対するものではなく，また同じ教師に対しても評価が多様に分かれるものである．その上でみても，無記名ということもあり，生徒たちが教師からの評価を離れて自分の考えを直截に述べている様子がうかがえる．

　こうした結果を教師はどう受け止めているのだろうか．事例校では，教師にアンケート調査を実施し，実践内容を評価している．表1〜3は開始1年目と2年目に生徒たちからの評価を受けて専任，非常勤全体に実施されたアンケートの結果である．表2-1によれば，生徒からの評定に対して「生徒はよく見ている．よくあたっていると思う」「やや見方が一面的にも見えるが妥当な評価である」を合わせて，1年目で88.1％，2年目で88.4％である．事例校では，この結果から「生徒たちが自分勝手な評価をするのではないか」という当初の危惧に対して，生徒の対応が「まともさ」をもつものであったと受け取っている．その上で，表2-3にもあるように，アンケートに答えた教師はそのほとんどが改善に取り組んでいることが示されている．ただし回収率は60％に届かず，アンケートに答えなかった教師の意見は明らかにされていない．

　また，改善に取り組んでゆく教師たちに戸惑いがなかった訳ではない．資料3はアンケートに答えた教師の自由記述であるが，生徒によるコメントの真意がつかめないことへのいらだちや，生徒の視線に合わせることが結果的に生徒への迎合につながるのではないかといった悩みなどが表明されている．これらのコメントは，次年度以降で評価5の「いつもとてもよい」についても理由の記述を求め

ること,さらにその次の年度から始まる教科ごとでの個人データの公開・検討へと導かれてゆく.

(2) 教師の個別の取り組みと評価

ところで,公開されている資料には,図2-3～9にみるように,個人の授業改善の過程をデータで示したものがある.このデータは,評価の対象になった本人の授業すべてについて,各項目の全体を開始1年目と2年目の比較で示したものであるが,それぞれの項目での5段階の評定は2年目に向上している.資料には,本人の了解の上で生徒による自由記述も載せられているが,1年目のものには,たとえば「黒板がきたなくてよくわからない.先生はひとり言ばかりで授業になってない.授業がおもしろくない!なんとなくやる気のなさが伝わってくる.だからこっちもやる気がなくなるので悪循環だと思う.」というコメントが記されている.新人であったこの教師は,これらに対して「ショックといえばみんなショック.でもショックというよりは,ここが一番自分の問題点だというところを生徒の声はついているということに気づいた.」と述べている.評価5についての記述が加わった2年目のものでは,評定の向上を示すコメントもみられた.

この資料は,学校外での研究報告のため特例的に個人データを掲載したものであったが,学内における研修でも議論の対象にもされた.これ以降,本人の了解を前提にしながらも教科を中心とした公開の場で個人の評価結果を授業研究と関連させて検討をするという流れを方向づけるものにもなったことは意義深い.

表2-1 「生徒から自分につけられた基準評定についてどう考えるか」(%)

	1年目	2年目
生徒はよく見ている．よくあたっていると思う	31.0	34.9
やや見方が一面的にも見えるが妥当な評価である	57.1	53.5
生徒にはよく分かってもらえていないようだ	11.9	11.6
あたっていないと思う	0.0	0.0

表2-2 「指摘・要望を受けて生徒にどう対応したか」

	1年目	2年目
それに触れて改善の意志を述べた	25.0	16.7
それに触れてコメントを述べた	43.2	44.4
そのことについては何も話していない	31.8	38.9

表2-3 「指摘・要望を受けてどうしているか」

	1年目	2年目
改善している	18.4	26.5
ほぼ改善している	13.2	20.6
改善途中である	63.1	52.9
改善していない	5.3	0.0
＊それぞれの年度の回収率（表1～3共通）	56.0	58.2

5　中間的な考察

　以上にみるように，事例校での「生徒による授業評価」の位置づけは生徒指導全体，特に生徒状況の変化への対応と深く関連しており，それは「授業改善」と「管理と権利の調整」という二重の側面をもつものでもあった．この点は，今回の取り組みが学校全体の教育活動との関連で初めて理解されるものであるということで留意したい．また，「生徒による授業評価」が取り組まれるまでには異論も存在し，「議論の場」を通じて実施の方向性が示されていった．言い換えれば，この取り組みが全学的に可能になったのは，教師全

ある教員の授業評価結果の変化（開始1年目〜2年目）

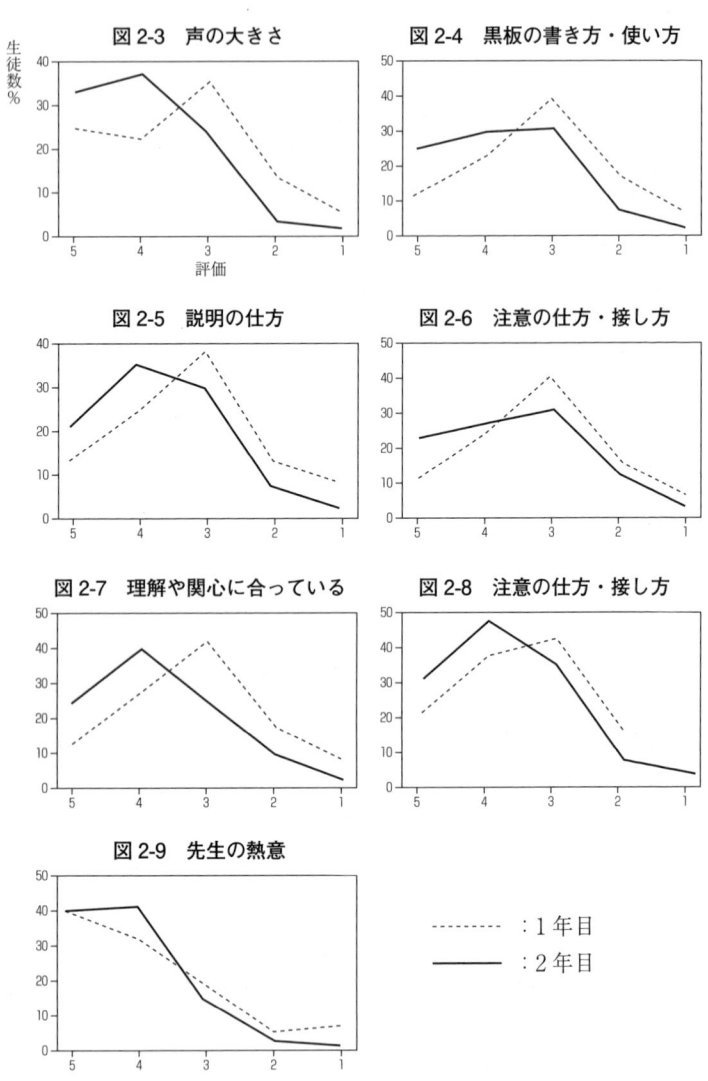

生徒数%

図2-3　声の大きさ

評価

図2-4　黒板の書き方・使い方

図2-5　説明の仕方

図2-6　注意の仕方・接し方

図2-7　理解や関心に合っている

図2-8　注意の仕方・接し方

図2-9　先生の熱意

------- ：1年目
——— ：2年目

員が何らかの形で意思決定に参加できる場面が保証されていたためともいえるだろう．このことは重要である．

　すでにみてきたように，事例校ではこれまで定期的な校内研修が取り組まれ，実践に対する議論が積み重ねられてきた．年3回，その内1回は夏休み中に2泊3日で教職員全員参加（非常勤講師は希望者）による研修が取り組まれている．1989年の時点で，私学において校内規定で研修制度を位置づけている学校が50％強であるというデータからすると事例校の取り組みは際立ってみえるが，この背景には，上でみたような学校再建時に生じた教師の共同性の観念の共有という伝統が反映している．教師は，これらの議論に参加することで，学内の意思決定と結びつき責任を共有してゆくことになるのである．

　一方，「生徒による授業評価」についての多様な議論が実施の方向に収斂してゆくには，こうした議論の場の保証とともに，そこでの強いリーダーシップの発揮がある．今回の取り組みで大きな役割を果たしたのは各教科主任を中心とする上記の「教科指導部」である．そのリーダーシップは，主に議論の場をリードすること，また議論を通じて新たなリーダーを育てること，合わせてフォロアーを形成することであった．この点については後述するが，それがいくつもの議論の場を「生徒による授業評価」に向けて有機的に結びつけていった．

　このような事例校の取り組みは，授業改善としてみた場合には，教師としての力量形成を個人の資質（知識，技術，態度等）に還元しがちだった伝統的な教師教育論に対して，教師の学習機会を保証しながら学校組織としてそれに取り組む形をとっている．この点に関連して，今津孝次郎は教師教育の動向としてこうした流れを押さえ

つつ,日本では教師が人格形成に責任をもち,時には親としての性格を備えながら教育にあたっていること,そして,それが教師の社会的地位の高さを保証する一方で,教育の質が教師の質に置き換えられ,結果的に教師のストレスを高める方向で作用すると指摘している.その上で,今津は授業内容と時間配分,教材選択,教材提示,学習成果の評価等の適正化を通じた教師の役割行動改善の意義を強調している(6).こうした視点に立てば,事例校の取り組みは一定の評価を受けるものと言えるだろう.

また,この取り組みを実現してゆく手法として見た場合,学校経営学からの組織文化形成の議論を踏まえたものと見ることも出来る.岡東壽隆は,差異性の尊重と合意領域の拡大を基礎に,学校における意志形成プロセスの課題を以下の4段階にまとめている.① 情報提供によるコミュニケーションの活性化,② 自律的コミュニケーションによる共通部分の確認,③ 組織目標の内発的形成をサポートするリーダーシップ,④ 内発的に形成された目標の達成(7).これに基づくと,事例校における「生徒による授業評価」実現までのプロセス,またそれ以降の授業作りにつながる「授業評価」活用の展開は,校内研修を通じた情報の共有化などきわめて組織立った計画の中で実行され,それが取り組みの基盤としての学校組織文化を形成したことで一定の成果をあげてきたとも言えるだろう.

ただし,事例校における一連の取り組みを生徒たちはどのように評価しているのか,また「授業評価」後のアンケートに回答を寄せていない教師は何を考えているのかなど,この取り組みの検証はこれからの部分を多く残している.以下では,本章のねらいとする教師文化の形成・分化という視点から,事例校での取り組みの課題を検討しておきたい.

6 「授業評価」は「教師文化」をどう変えたか

(1) あらためて「教師文化」とは

 はじめにも触れたように，ここでは教師文化を「教師特有の職業文化，つまり教師が共有する価値観とそれに基づく一連の行動様式」として大づかみにとらえた．この点を，教師文化の実証的研究を重ねてきた久冨善之の定義からもう少し掘り下げた上で，事例校における取り組みの課題を考えてみたい．

 久冨によれば，教師文化とは「教員世界に見出されるモーダルなあるいは変異的な行動型を要素とするものであるが，その単純な和であるよりも，その背後にあって行動を律し，教員たちに『世界解釈』のコードを与えている，組織された全体である．その全体は，教員という職業の遂行（仕事と生活とを含めて）にまつわって歴史的に選択され，形成され，継承され，また創造されながら変容してゆくところの蓄積された信念・慣習・伝統・思考法・心性・つき合い方などのセットからなっている」とされる(8)．

 やや長い引用になったが，久冨のこの定義で注目しておきたいのは，教師文化は教師の行動の型ではあるがそれが一枚岩でないこと，またそれが教師の行動の統制と解釈に関わること，さらに教育実践の積み重ねの中で形成されていくこと，そして多様な表現形式をもつことである．

(2) 事例校の教師文化の特徴

 こうした視点から事例校をとらえると，「授業評価」の取り組み前には大きく分けて2つの教師文化を見ることができた．一つは，「授業評価」を積極的にすすめる動きと呼応するが，具体的には規

律と管理の必要性を強調し，指導の中心がクラスにおける生徒指導に置かれ，授業観としては「生徒の目線」に合わせることが強調された．もう一つは，生徒の自主性を強調し，指導の中心が教科指導に置かれ，授業観としては教科（学問）としての固有性に配慮することが強調された．さらに，前者は全体での議論と実践を強調し，後者は個別の実践の尊重を強調した．これらは，上にみたような同校における学校再建という歴史的な背景をもった共通の伝統から発しているが，その後の学校の置かれた状況の把握と対処をめぐって分化してきたといえるだろう．そして，それは生徒観，指導観をめぐって対峙しながら今につながり，さらに授業観の相違としても現れている．

ただし，当初これら2つのタイプの教師文化は，それぞれ確固とした集団的基盤を形成しているというわけではなかった．確かに，学年や教科などが場合によってそのどちらかを支えることもあった．しかし，この時点の教師文化が個々の教員に定着してゆく過程は，グループの力というような集団的な要因というよりは，個々の教師が学校の現場に生起する諸問題に対処するなかで吟味され，教師同士の価値観のなかに確認されていった．言い換えれば，個々の教員はその過程を通じて，学校における自己の位置づけと対処法を獲得していたのである．

この両者は，80年代後半になると前者が学校運営に大きな役割を果たすようになり多数となるが，その時期を通じて，両者はこの学校で共存する上で意思決定をめぐる一種の「暗黙のルール」を形成していった．たとえば，教科会や職員会議等の決定（拘束）から免れるためにその場を欠席するというようなもので，実際そのように機能していた．つまり，少数者はこれによって個々の教育観に基

づく教育実践の「保証」を手に入れる一方で，多数者は全員一致の議決を経ないまま「会の決定事項」という一種の「既成事実」を手に入れたのである．一見奇妙なこのルールは，教師文化一般に幅広く存在するとされる「全員一致」の尊重と，過去の学校立てなおしにおける事例校での「全員一致」の伝統が源泉となって成り立っていた．同時に，授業科目や担任クラスについては，不干渉を保つというのも暗黙の了解事項の一つだった．これらは，相互の考えの相違をいったん棚上げにするもので矛盾を含むものであるが，多様な教育観のもとでの個別の教育実践を成り立たせるぎりぎりの選択でもあった．

(3)「授業評価」を通じた「教師文化」の変化

こうしたなかで取り組まれた「生徒による授業評価」とその活用の展開は，上にみたそれぞれの教師文化を生きる個々の教師にとって，あらためて学校のなかでの自己の位置づけについて再定義を迫るものとなった．特に，生徒の自主性に軸足を置きながら個別の実践の尊重を強調する教師たちにとって，授業評価が「データ」として示され，さらにそのデータが教科ごとの議論に付されるなかで，それまで不問にされてきた受け持ちクラスの授業の内容が公開の場で問われることになった．これらは一方で，教育観が異なる教師の間に授業の活性化につながる新たな議論を形成するきっかけを作り，教師相互の再評価を通じて関係性を広げる側面もみられた．しかし，その一方では数量化されたデータや記述データにみられる否定的評価から教師の教育活動全般を遡及的に解釈し，彼らが依拠する教師文化を否定するという動きもみられた．

このようにみてゆくと，「授業評価」そのものは生徒との関係で

企図されているが,「結果の活用」はこの取り組みが教師に向けられたものであることを示している. その意味では, 2つの教師文化が共存するなかでの今回の取り組みは, かなり思いきったものでもあった. それは, 上にみたように個々の教師に学校における新たな自己の位置付けを求める形で展開して行くからであるが, 結果として暗黙のルールを手放すことで常に改革へと駆り立てられる教師の緊張度は高まったように思われた.

このようなプロセスを通じて, 事例校では「授業評価」をはじめとする「改革」を支えてきた教師文化が優勢になるとともに, その活動を通じて「改革」を担う新たなリーダーが形成され, これまでには見られなかった集団的な基盤を学年や教科のなかに築きつつあった. これに対して, これまで大きく2つに分かれていた教師文化のもう一方の極に目を向けると, 彼らのなかには全体の意思決定の場面には参加するものの, それ以外は自分のクラスや部活動における生徒との関係, またそれらを通じた保護者, 卒業生との関わり, 外部の研究会や学会活動への参加など, 個の領域への傾斜を強めることで実質的に全体からの「モラトリアム」を得ようとする, 消極的な教師文化の形成が一部の教員にみられるようになった.

(4)「授業評価」に関する留意点

このように,「授業評価」と「結果の活用」, またそれに続く「授業改革」等は, その実践の取り組みを通して教師文化の分化という型の形成がみられるようになってきた. それを踏まえながら, 今後「生徒による授業評価」を続けてゆく上での課題を2点指摘しておきたい.

まず, 1点目は, データ解釈のひとり歩きや, データそのものの

管理について慎重な対応が必要だという点である．事例校の場合，結果の評価がそれぞれの教師文化を背景として読み込まれ，それがそれぞれの教師像に付与され，批判や評価，羨望の対象となることがみられた．つまり，一部ではあるが，所与の教師像を補強する形でデータが活用されるという転倒が生じた訳である．また，データの管理についても，現状では個人的信頼を前提に「教科指導部」の責任者個人の一括管理であるが，特に事例校の場合は情報を多く発信する分，この種の調査（survey）が監視（surveillance）に転化し，教師の信頼関係を損なわないためにも慎重な扱いが必要だろう．

もう1点は，授業改善への組織的な対応とともに各教師個人の力量形成に対する具体的な方策が必要だという点である．事例校の場合，今回の「評価結果の活用」が，基本的には教科全体として授業改善に当たることを前提としたため，優先されたのが共通の授業内容や方法の改善，評価法の見直し等であった．前節でみたような教師の役割行動改善モデル（今津）という点からは妥当な選択と思えたが，実際の授業実践を成立させる上での生徒との信頼関係の形成を含め，個別の教師の力量形成を個人の資質だけに依存しない形でどう取り組めるのかについて，充分踏み込めなかった．そのため，結果的に授業改善には個人差が生じ，その一方で改善のための議論に参加することが優先され，その個人差については不問にされるという転倒も生じた．この点について，さらに検討が必要だろう．

これら2点は，今回の取り組みを通じて形成されてきた教師文化の分化が，「改革」を強力に進めるという方向性を強めた一方で，一部の教師たちとの間でのコミュニケーションの回路が閉ざされていったことから来る矛盾のようにも思われる．言い方を換えれば，ここにみてきたように，学校は単に教育を目的とし，その実行が機

械的に進められる「箱」ではなく,生徒,親,同僚,地域等の制約のなかで,その矛盾を調整しながら成り立つ一つの社会であるということができる.その点からいえば,現場に立つ教師はその依拠する教師文化をこえて交流する社会的能力を身につけてゆくことで,学校改善を問い直す必要があるだろう.

7 おわりに

以上にみてきたように,事例校でみた「生徒による授業評価」は,授業改善の意義をもちながら,その一方で,教師たちの取り組みには課題を見出すことができる.教師がその依拠する教師文化をこえて交流することはそれほどたやすいことではないが,事例校の場合「改善」が一定程度進んできたなかで,それが必要な時期にきていると思われる.

もとより,ここで取り上げたことから,本論で「生徒による授業評価」の取り組みと,背景としての「教師文化」の問題を一般化できる訳ではない.しかし,学校組織・文化の個別研究の必要性について,前出の今津が「学校改善の具体的な実践の模索」「学校の個別性に応える」「教師の実践過程に注目する」の3点から主張するように,[9] 総体としての学校・教師批判から見失われるものを日常性からとらえ直し,画一的な制度改革では改善されない学校の課題を検討するためには,授業評価という問題から出発することの意義も見出し得るといえよう.

注および参考文献

(1) 耳塚寛明，油布佐和子，酒井朗「教師への社会学的アプローチ—研究動向と課題」『教育社会学研究』43集，東洋館出版，1988年，pp.84 - 120.
(2) たとえば，岡東壽隆他『学校の組織文化とリーダーシップ』多賀出版，2000年
(3) 武内清他「私立高校教師」『モノグラフ高校生』福武出版（現ベネッセ）1992年
(4) 財団法人日本私学教育研究所『私立学校の初任者研修に関する調査研究報告Ⅰ』日本私学教育研究所，1990年，p.12.
(5) この点に関連して，島原・酒井は，生徒との間に信頼ときずなという心理的基盤を形成し，その上に教育を展開させることを重視する教育のあり方を「日本的民族教育学」と名づけ，批判的な検討を試みている．島原宣男・酒井朗「日本における教員研修と教育改革」『東京大学教育学部紀要』30, 1990年，pp.83-93.
(6) 今津孝次郎『変動社会の教師教育』名古屋大学出版会，1996年，pp.1-40.
(7) 岡東壽隆他, p.365.
(8) 久冨善之「教師と教師文化」『日本の教師文化』稲垣忠彦，久冨善之編，東京大学出版会，1994年，p.12.
(9) 今津孝次郎，前掲書，pp.148-149.

※本文中の，事例校における「公開された資料」とは，公開の学外研究会での報告資料，および事例校の広報誌に掲載されたものをさしているが，ここではそれだけの記述にとどめておきたい．

資料1：
生徒への「教師の授業評価」に対する呼びかけ文と評価（点検）項目

> 1 呼びかけ文
>   先生の授業の点検
>   きみたちの力を伸ばすために，どの先生も教材研究や授業準備をいつも真剣に行っています．先生がさらに充実した授業をすすめるための資料をつくるために，きみたちの姿勢を点検してきたこれまでの「授業点検」と同じように，今回きみたちが先生の授業を下の表の項目にしたがって，点検してみて下さい．
>
> 2 点検項目

① 声の大きさ
② 説明の仕方
③ 黒板の書き方
④ 生徒に対する注意の仕方や接し方
⑤ 授業内容や進め方が自分達の関心や理解にあっているか
⑥ 授業内容がためになる・力がつく
⑦ 先生の熱意

3　点検の基準（5段階）
5：いつもとてもよい
4：よいときが多い
3：よいとはいえないが，不満はない
2：不満である．もう少し改善してほしい．
1：かなり不満である．改善してほしい．

4　評定に関する自由記述の要請文
　上の点検で1，ないし2の評価をつけた科目については，そのことについての理由や要望があれば書いてください．また，その他の授業についても要望があれば書いてください．

資料2
「生徒による授業評価」で評定1，2をつけた生徒の理由（自由記述から）
（分類は事例校の資料に基づく）

〈教師の授業態度について〉
1. 生徒をバカにした態度で見ないで，ポケットに手を入れてえらそうにしないでほしい．
2. まじめに書いたから信じてほしい．教師としてふさわしいとは思えない．9割雑談に等しく，授業の7割がそういう話しで終わる．自分の間違いを認めようとしなかったり，とぼけたりする．
3. 先生をかえろ！　なにをやっているのかわからねー，授業に対する熱意がまったくない．だからみんな寝るんだよ！」
4. 生徒を注意するとき，「静かにしろ！」「だまれ！」など命令しないでほしい．

〈授業内容について〉
5. 先生の考えを強引に教え込まれている様な気がする．
6. もっと現実味のある物と置き換えて説明してほしい．
7. プリントを読むだけのことが多く，手抜きの授業が多い．

8. もっと生徒が興味を持つような工夫が欲しい．そうすれば寝ている人がへると思う．とにかく楽しい授業を要望したい．
〈授業の展開や説明の仕方について〉
　9. 声のメリハリをつけないと，眠くなってしまう．
　10. 授業のやり方が単純すぎる．ただ問題を出して答えを出して終わりだ．それではちょっと…．
　11. 字が小さくて読みにくい．早口でついていけない．
　12. 先生の「自主性にまかせる」という方針は悪くない．しかし生徒がうるさくなり，クラスが乱れている時には，しっかり統制してほしい．

資料3
「生徒による授業評価」後の教師へのアンケート（自由記述から）

1. 生徒はもちろん，父母からも支持を得た．アンケートはとった．結果も出た．が改善されないでは偽善者になってしまう．自分も含め絶えず自己点検してゆく必要を感じました．
2. 短所（改善要求）ばかりを追求するのではなく，長所もアンケート項目に取り入れて視野を広げないと，単なる勤務評定に過ぎないと思う．
3. 誰がどんな指摘を受けたかを公表すべきだ．現在は自分一人と生徒の問題になっている．他人の経験を生かせない．
4. このようなアンケートをとることはそれなりに意義のあることだと思うが「厳しく指導してゆくことが生徒に悪くとられ，生徒に受け入れられるような指導をしていると良くとられる」というような感想をアンケート結果から感じたが，その点どうなのだろう．「生徒のためと思ってやっていることが批判されるようでは，生徒に迎合した接し方をしなければならないのかと悩んでしまう．
5. どう考えてもまったくその真意が理解できず，長期にわたって気がかりの状態に置かれたコメントがあったので，次回からは是非生徒も記名制にするべきだ．

付記　本章は，高等学校における「生徒による授業評価」に関する一考察——授業評価は「教師文化」をどう変えたか——（中部学院大学・中部学院大学短期大学部，研究紀要，第2号，2001年3月）のタイトルを変更し，文中の一部を加筆・修正して転載したものである．

第3章 ジェンダー論の基礎
―ジェンダーと教育の可能性を探る―

はじめに

　ほぼ1980年代後半からわが国において取り上げられるようになったジェンダーと教育の課題は，今日のジェンダー・フリー批判の渦中にあって何を目指していたのか．

　ジェンダーというコトバが行政の領域で使用できなくなってきている現状をどう理解したらよいだろうか．この問いは，「あらためてジェンダー研究を問う」ことでもある．ジェンダー批判のバックラッシュは，おのずからジェンダー研究の本質と志向性への問いを奨励するものである．

　小論の意図は一言でいえば「ジェンダー研究は何のために？」である．メタ・メタの理論構成であるが，ジェンダーと教育が実践を抜きに論じられないことはいうまでもない．このジェンダー教育実践で，男女平等教育の一貫として，ジェンダー・フリー教育の実践を挙げることができる．若い教師のために作成されたジェンダー・フリー実践のための手引書 (1995) は，今日から思えば「脱イデオロギー」であるがゆえの「イデオロギー性」をもったものといえる．

　このさい，上野千鶴子をはじめ，一部の「女性学研究者」のフェミニズムの声を除き，1980年代末からわが国で取り上げられるようになったジェンダー研究は，マルキスト・フェミニスト，ソーシャリスト・フェミニスト，そしてエコロジスト・フェミニスト等

のフェミニズムの潮流をを意識しつつイデオロギーのパースペクティブを避けてきた.

そう断言する筆者も 1990 年にイギリスのケンブリッジ大学教育学部の PGCE コースに学んだときに，はじめてジェンダーの講義を受けた教室で，ミシェルスタンワースやマドリンアーノットから「あなたは男であるのになぜフェミニズムに関心があるのか. フェミニズムは男の批判から始まる. そのことをどう思っているか」と尋ねられたのを記憶している. 詳細には覚えていないが，たしか筆者はこう答えた.「ジェンダーをとおして，社会の在り方や諸矛盾を解決していくきっかけ (clue) をつかみたい.」そして内心，忸怩たる思いで，次のように応えた.「家庭内にあっては女性の世界 (women's land) にある自分が，彼らとどう関わるのか. 3 人の娘は，この世界でこれからどう生きていくのか大変関心があるからだ」と.

これは，フェミニストたちはじめジェンダー研究者たちに説得力のある返答ではないだろう. なぜならば，おそらく彼らイギリスの研究者たちは，マクロには「体制の変革」を意識して研究をしていたであろうし，ミクロには「人間関係の変革」を求めて教育実践知を追究していたからである. 前者は，マドリン・アーノットが目指そうとしていた営みであろうし，後者は，ミシェル・スタンワースのテーマであったと今日あらためて筆者には思えてくる.

さて，筆者はケンブリッジ大学教育学部の PGCE コースの多くの興味深いトピックのなかで「教育におけるジェンダー問題」に注目した理由は，1990 年当時のイギリスの教育社会学の潮流でパーソニアンとミーディアンの理論的葛藤と対立解消をいかにして実現できるかという問題意識と無関係ではなかった.

この問題意識 (マクロとミクロの非和解的ともいえる二元論) に今日

でもこだわるのは，ジェンダー研究においても二元論は不可避な論点の一つだと思うからである．

ジェンダー研究の出発前提は，ここで改めて指摘することでもないが〈性とジェンダー〉である．この二項（バイナリー）を布置することで，ジェンダー理論の研究者たち（あえて筆者をも含めた）がジェンダーについて考える方法を探る上で二項が必須なものだという暗黙の前提があったことは否定できない．

女性（feminity）と男性（masculinity）についての二分法理解が，ジェンダーを探る手だてをいかに形作るものなのか．この問いは，構造と主体の問題を提起することになる．

構造については公的（社会的）領域と私的領域というコトバをとおして，領域の交差（構造）に注目し，私たちの日常生活がいかにジェンダー化された道筋（the gendered ways）のなかに嵌め込まれた社会相のなかで営まれてきたかを相対化することにある．

また，主体や社会組織が定義されるのは，言語のなかにおいてであるということ，言語の役割に注目するポスト構造主義で言語の効果は言語学の領域を超えて，言説に及ぶ．そして言説は権力関係と密接な関連があり，権力と知識関係は特定の言説と離れがたく結びついているという視点を導く．私たちが世界を視る日常の常識的世界を構成している権力的な言説とは何かを問い，理性と合理主義の有力な言説を問題視することでポスト構造主義は（主体と）身体性の次元へとシフトする．

ジェンダーと身体の問題は興味深い．ジェンダーは，人間の遂行的な相をもっているし，物理的身体は完全には無視できないだろう．また，身体は言説によって構成されていない．むしろ，身体をともなって私たちは世界を経験し，ジェンダーを生きる．言説を介在さ

せた経験は身体の経験であり,私たちが使用してきたジェンダーアイデンティティやジェンダー役割はジェンダー化された言説の行使であったのである.

さて,うえでポスト構造主義(者)の考えを抽象的に論じてきた.とくにフェミニズムの立場からは,リュース・イリガライの「闘い」はジェンダー研究,主にジェンダーと教育を考える上で示唆的であった.つまり,言語や言説の論理をつくってきたのは男性であり,セクシズムの存在を無視し,男性支配を歴史的に許してきた支配的言説と男性的論理の組み立てを問題にすることで「女性的なもの」と「女性のセクシュアリティ」をイリガライは探求した.

教育の観点からはカリキュラムが産出される方法に注目し使用され,解釈される仕方にもかかわる問題であり,権力・知識が教育システムや社会のなかで男性支配 (hegemonic masculinity) のもとで,教育実践が行なわれてきた事実を析出できたことは一つの成果であろう.

いずれにせよ,ジェンダーと教育におけるフェミニストの考えは,理論的,実践的にも重要な働きをしたことは否めない.ジェンダー秩序を転換していくこと,ジェンダーと学校教育 (schooling) において自明視されている仮説を覆すこと(男女混合名簿の作成),女子生徒の学業成績のパターンとジェンダーアイデンティティ意識形成の差異(ジェンダートラッキング)を抉ること,学校教育で教育課程がいかにセクシズムを再生産しているか(隠れたカリキュラムとジェンダー構成),その構造特性を分析してみせることなどが主な仕事であった.

1 ジェンダー研究の水準と教育実践

先述したとおり，筆者はイギリスの教員養成コース (PGCE) のなかのジェンダーと教育について学んだ．その理論的背景の基礎は，オープンユニバーシティの教育 MA コース「ジェンダーと教育研究のガイド」(1987) にある．イギリス社会の女子教育史，家族史と女性，資本主義社会における家族とジェンダー，そして再生産理論と隠れたカリキュラム，フェミニズム思潮，性役割理論と社会化などミクロとマクロの視点が包括的に取り上げられていた．

筆者の研究報告「教育におけるジェンダーイッシュー，序論」(1991) を取り上げてみる．分析の主題は家族であり，（資本主義）社会に呼応する個人特性を産む家族の子育て実践に注目している．

家族（システムとしての）は，現状維持を保つ強力な力をもっているだけでなく女性を不可視 (invisible) にするシステムである，と指摘している．女性が不可視になっているということは，私的領域にのみ生きる情況をいう．そこでは，性役割分業を自明のこととして担う女性の姿がある．妻であり母親である女性，家族内の社会化過程において子どもは〈らしさ〉を内面化していく現実構成に注目する．

縦軸に，社会・強調点・過程を立てる．横軸に，社会学的機能論，マルキスト機能論とラディカルフェミニストを設定して分析の焦点を明らかにしたのが以下の図である．

この分析枠組み (S. Mochizuki, 1991) は，今日では十分ではないかもしれない．なぜ，ラディカルフェミニストだけなのか．第一次・第二次の社会化過程で再生産されるものとして具体的に何があるか．ポスト構造主義者を横軸に置くと，社会次元＝〈権力と知識〉，強

表3-1 ジェンダーイッシュー分析枠組

	社会学的機能論者 (Sociological functionalist)	マルキスト機能論者 (Marxist Functionalist)	ラディカルフェミニスト (radical feminist)
社会 (society)	相互関連 (interrelation)	分化 (differentiation)	抑圧 (oppression)
強調点 (emphasis)	貢献と安定 (contribution and stability)	矛盾と葛藤 (contradiction and conflict)	経済的搾取と占有 (economic exploitation and domination)
過程 (process)	社会化 (socialization)	再生産と経済的搾取 (reproduction and economic exploitation)	従属 (subordination)

調点＝主体，言説，過程＝自明の思考作用，を想定できるのではないかなどが考えられる．

さて，今日までのジェンダーと学校教育の核となる結節点は，抑圧（oppression），従属（subordination）を生きる女性（女子生徒）の生き方の模索とそのための〈女性差別〉〈女性への偏見〉を構造化する（engendering）装置の解明にあった．学校はセクシズムの再生産装置であり，ジェンダー・フリー教育実践によって，セクシズムを解消していくことが求められた．ここでは，ジェンダーというコトバの発見によって教育の世界でも隠されたものを明らかにするという命題がある．そして，学校におけるセクシズムはどのような形で存立しているのかというテーマがジェンダーと教育の課題であった．

ジェンダーと教育に関する興味深いテーマが提起されている先端のジェンダー研究者による著作「ジェンダーと学ぶ教育」（天野正子・木村涼子編，2003）は次のように注目する．

「ジェンダーが生得的なものでないとしたら，それは，いつ，どこで，どのように伝えられ，習得されていくのか，逆にジェンダー

の縛りから，いつ，どこで，どのように解放されていくことができるのかは重要な問題である．ここから『教育』への注目がはじまる．ジェンダーを『つくる』教育と『変革する』教育という，教育が担う二つの働きへの注目である」．（天野正子『ジェンダーで学ぶ教育』p.5）．

この注目の二重構造は，何を目標とするのだろうか．ジェンダーというタームを手にした以上，それによって視えなかったものが視えるようになったあとに来るものは何であったか．また，ジェンダーの「縛り」から解放される（た）情況を私たちはどのように予想していたであろうか．

教育実践は，もともと逆説的な重層性をもった営みである．既存の知の体系及び習慣的な行動，獲得された生活様式を咀嚼しながら他方でこれを否定し，そこから「新たなもの」を創る営みである．ジェンダーを「つくる」教育の前にもうすでに子どもやおとなはジェンダー化された社会的世界に生きているのであり，教育はそのジェンダー形成をより確かなものにし，再生産し続ける「事業」である．「つくる」教育は再生産することに止まらず，形成され自明視されたジェンダーを更新することに他ならない．

では，ジェンダーを更新する教育とは何か．更新する〈主体〉は誰なのか．それはここでは教師である．ジェンダー・フリー教育を実践する教師自身もジェンダーを生きている（Doing gender）．子どもも家族（体系）も，地域もそして学校（組織）もジェンダーで構成された社会的世界である．

第二波フェミニズムは，セクシズム（性差別主義）を提起した．ジェンダーという構成概念は，このセクシズムを発見した時点で，制度化された女性の従属状態と差別（行為）を明らかにする方向に

行く.

バーガーとケルナーは, ゲーレンを引用して,「後景」と「前景」の二つの戦略的概念を指摘している (P. L. バーガー, H. ケルナー, 1987：p.222).

「いかなる人間社会も, しっかりとプログラム化された活動という後景と, 諸個人が革新をおこないうる前景とからなりたっている. 制度の目的は, 後景を『充たす』こと (Hintergrundserfüllung) である. 実に制度化とは, それまで前景にあった──つまり, 十分な注意をはらい, 慎重におこなわれていた──ことがらを, 自動化されたプログラムというこの後景のなかへ転換するプロセスなのである.」

ジェンダーを更新する教育は, この後景を前景へと戻すという単純な営みではない. たしかに私たちは, コンシャスネスレイジング (意識高揚), エンパワーメント (力をつける), そしてジェンダーセンシティヴ (ジェンダーに敏感), ジェンダーチェック (点検) という実践の哲学及び企図を手にした. しかし, 教育をとおしてしかそれが実現されないという意識 (志向) をそろそろ検討していく必要があるのではないだろうか.

前景のなかにジェンダーが嵌め込まれている以上, 従来の教育学──教えと学びの双方的な交通による学校知とヒューマニズムの知の交歓が行われるという──では, ジェンダーを生きる〈主体〉の利己的利益は否定できず, 被差別と抑圧を感じる人も結局は「人道主義」の対象となってしまう.

ここでの論点は「変革する主体」の問題である. 変革する主体は, 教師であろう. 教えと学びの伝統的な教育学において〈教えることは学ぶこと〉という観点から, 学ぶ主体も尊重されるはずである. 児童生徒から学ぶ教師もジェンダーに敏感でなければならない.

私たちが「主体」について語る前提は、現実に対して「共通の意図をもつ」こと、共同性志向の実践を教師が心がけることである。ジェンダー・フリーの教育実践は、共同性志向であって、教える〈主体〉も学ぶ〈主体〉も「ジェンダー化」を生きているという現実認識から免れないのである。

　ジェンダーと教育は、「伝統の教育」(実践)学の地平のなかで展開されてきた。たしかにジェンダーの視点からの授業づくりをみると、導入―展開―終末というシークエンス通りに行かないのである。これに関わって橋本紀子の次の指摘は重要である。

　「たとえば、授業展開例のところでは、原則として小学校は教師と子ども、中・高は教師と生徒としましたが、なかには"わたし"と"仮名の子ども名"をそれぞれつけるなども認めています」。(橋本・村瀬、1999：p.4)

　ここには、「個性的な各授業者の意思を尊重してとった措置」(橋本紀子)という視点がある。筆者は小学校高学年の「女らしさ・男らしさ」の授業を観察したとき、ディベート授業になってしまったのを記憶している。「らしさ」の二分法が学級で出現すると「善玉・悪玉」のジェンダーセンシティブに帰結してしまう。コの字型の座席に男女混合の座り方は必要であるし、教師の間の取り方、タイミングよい発問が重要である。

　ジェンダー教育実践は、教師と子ども、教師と生徒という〈教育的関係〉ではなく、教師と生徒の活動、生徒と生徒との(ジェンダー化された)活動を二分するのではない。いわば、パウロ・フレイレのいう銀行型教育でなく、課題提起型教育の実践が求められる。

　フレイレは、こう述べる。

　「生徒の省察のなかで、たえず自らの省察を改める。生徒は、も

はや従順な聴き手ではなく，今や教師との対話の批判的共同探究者である．教師は生徒に考えるための材料を与え，生徒が発表するかれの考えを聴きながら自分の以前の考えを検討する．課題提起型教育者の任務は，臆見 doxa のレヴェルにある知識が，理性 logos のレヴェルにある真の知識によってとってかえられるための条件を，生徒とともに創造することにある．銀行型教育が創造力を麻痺させ抑制するのにたいして，課題提起型教育は現実のヴェールをたえずはぎとるはたらきをもっている」．(パウロ・フレイレ, 1979：p.83)

テーマ設定の理由や授業の目標は柔軟に設定しておきたい．セクシズム，バイアス，などの臆見がどういうかたちで人びとの間で伝承され，それらがどうして自明なものと承認されているのかについて創造的な対話をし続けていくことが大切である．生徒が，抑圧者－被抑圧者のいずれかの立場に立って対話をしてしまう二分法的思考の形態を「生徒を対象として諫める」のではなく「〈人間の問題〉として課題提起していく方法」を模索し続けるしかない．

2　近年のジェンダー研究から学ぶ

ジェンダー研究の端緒論文として必ず引用される天野正子の「『性（ジェンダー）』研究の現代的課題」(1998) は，今日でもジェンダー研究の可能性を示唆する領域を多くもっている．以下の図をみよう．(天野正子, p.50)

性別による進路分化という限定があるもののジェンダーと教育にとって最も重要な点は学習のかまえである．行為主体をそれぞれ規定する階層文化が鍵であろう．ポールウィリス (1977) は (イギリスの) 学校内の対抗文化の出現の様態を描写し，人材配分システムと

それが呼応していて階級構造の再生産に寄与してしまう現実を指摘したことは新鮮であった．労働者階級の子どもたちは学校文化から疎外される（「落ちこぼれ」ていく）かもしくは反抗するようになる．最初は，従順であるかまったくの無関心であったのが何をきっかけにして荒れるようになったのか．この荒れにジェンダーは関係していないだろうか．

問題はスループット（内部過程）において，性認識と性役割と「学びのかまえ」を教師がどのように「反転」させるかである．教師は，ジェンダーのダブルスタンダードを生きている現実も見逃せない．それはジェンダー化された学校文化を生きることともう一つは教師自身のジェンダーアイデンティティとジェンダーバイアスの問題（スタンダード）がある．

中流階級の子どもたちは，学校文化の象徴的様式（カリキュラムや教師の礼儀正しさや推敲コード）に親しさを感じるか，安心して関わることができる（これこそ権力関係を維持するコミュニケーションの象徴様式とブルデューはいう）．

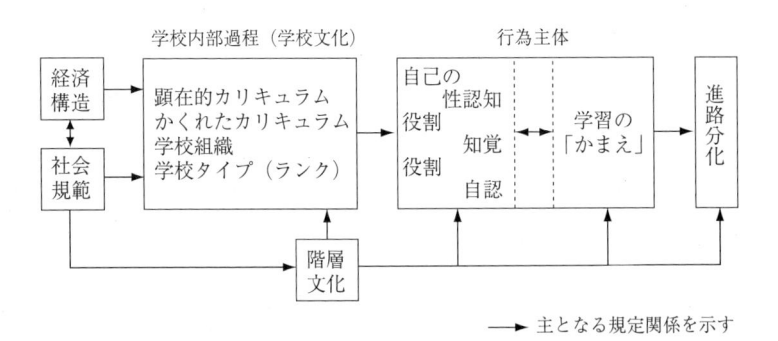

図 3-1 性別による進路分化と関連要因

ジェンダー・フリー教育実践において生徒の学習のかまえを考えるうえで重要なキーは〈ジェンダー形成〉である．子どもの世界に「二分法的ジェンダー」が形づくられるメカニズムのエスノグラフィックな分析によれば，おとな（親，幼稚園の先生，隣近所・親類のおじさん，おばさんなどなど）やメディア（子ども番組絵本）そしてキャラクター商品，遊具，教具などがエンジェンダリング（ジェンダーを促進する）の不可視なコードであると指摘できる（関連の研究では，森繁男『性役割の学習としつけ行為』，1989，また天童睦子『ジェンダーとヘゲモニー支配』，2001などがある）．

かくれたカリキュラムや学校タイプ（ランク）については，笹原恵が『男の子はいつも優先されている？』(2003) で教員組織のあり方こそ子どもたちに対する「かくれたカリキュラム」であると指摘しているように，単に教育課程と教科書のジェンダー分析に止まらない〈教育的ジェンダー関係〉論という新しいかつ〈教員のジェンダー文化〉というフィールドワークの困難な領域が取り上げられている．

かくれたカリキュラムがセクシズムを伝達するという実証研究はこれまで多くなされてきた（亀田温子・舘かおる，1987，2000；氏原陽子，1996；木村涼子，1999）木村涼子はかくれたカリキュラムがみえるようになるための「リテラシー」をもった人材の養成を訴えているが，教員養成におけるジェンダーイッシューをどこまで教育課程のなかに組み込み，女性学教育の方向性（日野玲子，「ジェンダー論」の授業をつくる，1999）をしっかりと定めていくかが課題となってくる．

差別的なかくれたカリキュラムが「見える」だけが，実践の目的ではない．「見る主体」の形成が求められるわけだが，教師と生徒が，

自明のカリキュラムを疑問視し合う契機をつかむことが先決ではないだろうか．批判的内省（critical reflection）が生徒や教師の間で生まれ，学校教育（schooling）や教育システムの構造を相対化する方向が期待されるがジェンダー実践は困難な営みである．教員組織の在り方のみならず，ジェンダー化された（学校）教育システムと教育計画そのものを根本的に検討することになるからである．

この根本的検討のための視点として，フェミニストペダゴジーという概念が発展したことはよく知られるところである．（フーコーに関心をもつ）フェミニスト・アカデミックス，フェミニスト教師，カリキュラム研究者たちは，ペダゴジー（教授方法）に関心もつ．彼らは知識の産出，譲渡，変容，そして具現が教師と生徒との間と知識そのものとのインタラクション（双方的関わり）において展開すると考える．そして彼らは教授－学習過程が，多次元的なものへと発展するという認識をもつようになる．

たとえば，教材や生徒は意図された学習とそうでない学習の認識はいずれも教師の力量に委ねられるが，教室で一体，何が起こっているのかを考え，とりわけ女子生徒の間でのジェンダーセンシティブに注意を払えば授業は多方面に展開するはずである．

教室におけるペダゴジーの実践は，従来の教育学のペダゴジー（教育目標に沿うかたちでの教授・学習過程の展開）では限度がある．多次元の学びの地平が拓かれ，そのために教師がかつて教育を受けてきたこととは異なる方法（ペダゴジー）を知り，かつその違いを持続して認識していけるかが要請される（Sandra Hollingsworth, p.176, 1997）．

もう一つ重要な点がある．教師はあらゆる教科群のなかの一つの教科教師である．ここにジェンダーをめぐる教科教育（学）と教育

学 (批判的, フェミニストの) 理論との間の「せめぎ合い」があるはずである. 女性学と男性学の分野がペダゴジーの記述と説明を含んでいるとして, それをいかに「教育理論」へと構築していくかが課題である. その理論はむろん実践を基盤 (Practice-based) としたもので, その探究の真理がひとりかすべてのものに凝結しないペダゴジーでなければならない (Jane Kenway, Helen Modra, 1992：p.162).

上野千鶴子が指摘するように (フェミニスト教育学の困難, 1999：p.84) 教育をフェミニスト的に行うことと, フェミニズム理論を教育することとは異なるという認識は重要である. そして, 共感するにせよ, 距離をとるにせよ, 女性学とは何かを知らなければ, 自分の位置を決めることはできないこともたしかなことである. 筆者は, これに男性学についても知識をもたなければ女性教師も男性教師も教室におけるジェンダー教育実践をめぐる議論は有益ではないと考える.

さて, 教室における児童生徒の「学習のかまえ」と教師の在り方及びペダゴジーについて述べてきた.「かまえ」は, また性認知や役割自認と無関係ではない. (先の天野正子の図を想起) これについては小論で詳細に論じることができないが, 次の3点は, ジェンダーと教育の実践的理論構築にとって重要である. ① 私たちの社会では, 男性であることや男性に所属するものに, より高い価値が与えられている. ② 異性役割を選択することに対する圧力が相変わらず男子により強い. ③ 女子のステレオタイプがますます曖昧になってきている. (伊藤裕子, 2003：pp.31-32)

ステレオタイプが曖昧になっていることがジェンダー・フリーもしくはジェンダー中立にとって実践的に有効であるかどうか興味深いことである. 教室で女性というアイデンティティを否定したい

という生徒もいる．ジェンダーアイデンティティは，家庭の中でのジェンダーへの社会化過程で型つくられる．ジェンダー化された家族体系を崩しかねないほどジェンダーと教育（実践）は価値と教育の課題をもっている．

ジェンダーへの社会化をより一層促進させる学校タイプ（ランク）の研究でも興味深い報告がある．中西祐子は生徒・学生の進路展望に見られる分化の原因として以下の二つを仮説している．① 進路展望に見られる学校・大学差は，入学以後の社会化の結果である．② 進路展望に見られる学校・大学差は，学校・大学ごとにそのチャーターにふさわしい社会化を家庭で受けた生徒・学生が入学してきたことを反映しているにすぎない．

前者の仮説は，教育機関内部の社会化効果がより強いことを強調する立場であり，後者は学校・大学選択時にはたらく階層文化効果がより強いことを強調する立場であると中西祐子は述べる（1998：p.158）．

中西祐子の論点は，インプット（家庭文化）――スループット（教育組織）――アウトプット（生徒の進路）間の対応関係（コレスポンデンス）を明らかにしたことにあるが，この関係構図は，時系列的に一元ではない．むしろ再帰的かつ錯綜であると考えるべきだろう．ジェンダートラック上の位置に起因する学校の水路づけは，階層文化だけでは分類できない家訓・家風・校風・建学の精神，歴史・伝統が陰に陽に作用しているからである．この問題構制は今後キャリア形成とジェンダー，また，「ジェンダーの視点からの労働教育の必要性」（木村涼子，2005）へと発展すると思われる．また，「学校選択制――親の教育選択――とジェンダー構成」の問題である．

さて，ここで近年のジェンダー研究の動向を探る上で必須の論者

は以下である.天野正子 (1988),亀田温子,舘かおる (1990),森繁男 (1992),中西祐子,堀健志 (1997),木村涼子 (1999),多賀太ほか (2000),天童睦子 (2001).

また,幼児教育の分野における研究動向を報告したものに,以下の表がある.

日本保育学会で1997年から2001年にかけてジェンダー・フリー教育の少子化,晩婚化に対する有効性の問題,1999年では,絵本とジェンダー,玩具とジェンダー,保育者の育児観・ジェンダー観と保育現状に関する発表があった.日本乳幼児教育学会では,絵本にみられるジェンダー (1998),保育者のジェンダー観と保育活動の関連 (2001),そして日本発達心理学会ではとくに幼児に関する内容はない.日本子ども社会学会はジェンダーに関する研究発表が多い.幼児を扱っているものは,園生活で形成されるジェンダーの構造 (2001),ジェンダー形成,絵本分析 (2002) などである.

この報告で注目すべきは,保育者が女性職であること,女性が占める保育現場であるがゆえに対男性との関係でのジェンダー問題は見えにくくなるのではないか,という問いかけに注目したい.保育実践におけるジェンダーの不可視状況は理解できるが,女性のなかのセクシズム,幼児の親のジェンダー意識,男性保育士の実践などに関して,保育,幼稚園間の実践と研究交流をもっと密に行なって

表3-2 学会に見るタイトルに「ジェンダー」が含まれる研究発表本数

	1990	1991	1992	1993	1994	1995	1996	1997	1998	1999	2000	2001	2002
保育	0	0	1	0	0	0	0	1	2	4	1	2	1
乳幼児	—	0	0	0	0	0	0	0	1	0	0	1	0
発達	0	0	0	0	0	0	0	0	1	0	0	0	1
子ども	—	—	—	—	0	2	2	0	0	2	0	2	5

いくことが必要である.

野尻裕子は,この報告で「女性による女性の抑圧はあっても,男性による女性への抑圧はほとんどみられない」と述べる.また,内海崎貴子は,「幼児教育におけるジェンダーの問題については,養成課程の課題」だと述べているが,いずれも二分法によらない,実践知の研究と,養成課程において知識の社会的構成と学校知を主体が協働で創造する「人間化の教育学」を期待したい.

3 フェミニズムとジェンダーの狭間

日本におけるフェミニズム理論の動向は,周知のように欧米の潮流と動きに照応する形で展開してきたといえる.また,ジェンダーとフェミニズムとの関係は密接であるが,ジェンダー研究者にとってフェミニズムと一線を画するというスタンスをとる.フェミニズムにはいろいろな潮流があるけれど女性学の発展は「女性差別もしくは抑圧状況」に注目し,その差別構造を解明するだけに止まらず差別や従属,抑圧を解消していく運動と基本的にとらえることができる.ジェンダーは「社会的構成」に注目する.したがって,ジェンダー形成,ジェンダーへの社会化,ジェンダー役割,そしてジェンダー不平等などのタームから読みとれるように〈構成されたもの〉の次元とエージェンシィ(家庭・学校・職場)に注目する.問題はこの〈ジェンダー構成〉を何によってとらえるかである.

このジェンダー不平等にフェミニストの反応がある.不平等を惹起するものとして父権制を取り上げるか,また資本主義システムの所産によるものとみなすか,いずれにせよ社会の根本的,革新的な再構築を目指そうとする.ここでは,ジェンダーとフェミニズムと

の「破婚」を問題にしないが,ジェンダー研究及びジェンダーと教育に関する課題領域を考える上で,フェミニズムは無視できないことだけは言明しておきたい.

これに関して,江原由美子は次のように述べている.(1988:p.17)
「『良い意図』や『解放への意思』は重要である.しかし,これらだけでは,社会理論としては十分ではない.女性たちが経験した近代社会とは,いったいどんな社会であったのかということに耳と目を傾け,そこから社会理論を形成していこうとする姿勢があるのかどうかということこそ,もっとも重要である.」

江原由美子の論点は,明解である.まず,近代社会が公的領域と私的領域の二つの社会領域から成立していること,第二に私的領域は近代社会の不可欠の構成要素であって,私的領域の活動は権力作用によって統制されていて,個々人の自由意識によって簡単に変えられるものではないこと(江原由美子,1988:p.19),つまり「近代社会システムの二重性」への認識が重要だとする.

この認識の「気づき」をどうつかむのか.ソシャリストフェミニストのなかでは,ポストモダンフェミニストの欠点は労働者階級の女性の立場について言及しないという批判がある.労働者階級の女性の地位の「気づき」は賃金格差や性役割分業における従属的地位にある.江原由美子はフェミニズム理論を一つの社会理論と位置づける.そして社会理論とは「社会の自己認識」であるとする.フェミニズム理論も近代社会とはどんな社会であるのかをめぐる女性の立場からみた「社会認識」である(江原由美子,1988:p.12).

ここにパウロ・フレイレの「被抑圧者の教育学」を想起しよう.ジェンダー理論とフェミニズム理論(社会の自己認識)そして批判的ペダゴジー理論の実践的検討は可能であろうか.以下に示すように

フェミニズムの潮流は多様である．しかし，女性学教育の可能性を探る上でフレイレの次のコトバは示唆的である（パウロ・フレイレ，1979：p.5）．

「セクト主義は狂信主義によってはぐくまれ，つねに人を精神的に去勢する．ラディカリゼーションradicalizationは批判精神によって培われ，つねに創造的である．セクト主義は神話を生み，それによって人を疎外する．（中略）ラディカリゼーションは自分が選んだ立場に積極的に関与し，かくして，具体的客観的な現実を変革する努力にこれまで以上に熱心に身を投ずる」．

下記の類型化（江原由美子，1988：p.16）には，ポスト構造主義のフェミニズムがない．ベッキー・フランシスによると（Becky Francis, Beyond postmodernism, 2001: p.68），フェミニズムの解放の物語（narrative）は，ポスト構造主義の観点から「誇大な物語」に見えるし，それも道徳的真実の主張を基盤としている，という．そしてポスト構造主義理論は相対的なものでそのような真実の物語を脱構築することを求めるものだとする．

ポスト構造主義の立場が，ジェンダーと教育実践に対してどれ程有益な示唆を与えるか未知数である．しかし，ヒューマニズム（近代主義の枠内での）に基づく解放の物語，真実の言説が現存在する個人である自我という近代的な概念にエイジェンシィが基盤をもっている以上，疑問符をつけざるをえない．

ポスト構造主義の「自我の消滅」という論点は，性とジェンダーという概念そのものを脱構築することになる．女性とか男性は存在しない．ただジェンダー言説のなかで位置つく自我が存在する．多くのフェミニズムが依拠する価値とかエイジェンシイを脱構築するポスト構造主義の立場は，ヒューマニストフェミニズムとは反対の

表3-3 フェミニズム理論の類型化

フェミニズム理論	近代社会の評価		性差別の原因	
ブルジョア的フェミニズム	＋		公的領域 (主として 政治・法律)	
社会主義フェミニズム	基本的には＋	前近代よりも進歩し、かし、次の段階の準備段階	公的領域 (主として 経済)	性差別の原因は、基本的には女性が社会的生産に参加してこなかったため
ラディカル・フェミニズム	中　立	近代社会もそれ以前の社会と同じ位、性差別的社会	私的領域	性差別の原因は、性心理的・文化意識的・生物学的な家族
前期マルクス主義フェミニズム	基本的に−	近代社会において女性は無償の家事労働に従事させられた	公的領域	私的領域の変化は、資本主義経済の効果である
エコロジカル・フェミニズム	基本的に−	近代産業社会の生産中心主義が女性と自然を抑圧・支配	公的領域	経済領域における産業主義と、近代社会における合理主義が身体的自然的な存在である女性を抑圧
後期マルクス主義フェミニズム	＋と−	家父長制と資本主義は相互関係にあるとともに、相互矛盾的関係にもある。強化の側面では女性にとって抑圧的であるが、矛盾的関係においては女性に解放の可能性を与える	公的領域と私的領域双方	この二つは独立の要因、しかも相互に関連
ポスト・モダンフェミニズム	基本的に−	近代資本制でファルス中心主義は強化された	私的領域	性差別の原因は、ファルス中心主義エディプス主体の内面化を強制させられたこと

極にある．ヒューマニストフェミニストは，権力関係の複合性を説明するけれどもそれは単純化し過ぎるし，帰一的なものと映る．

この理論上の葛藤は，さらに深く議論されるべきものだろう．なぜなら，われわれジェンダーと教育の研究者の間で，解放の目的と関心が不調和のままでこのポスト構造主義の相対主義に苛立ちつつも，理論的に袋小路に陥ってしまうことになると予想されるからである（Becky Francis, p.70）．

ジェンダーと教育につきつけられたフェミニズム理論は，錯綜のなかでポスト構造主義の立場に立って，不断に産出されるジェンダー言説の分析と言説を使用する方法の理解を模索し続けることになり，これにかかわる"他者性"に対して常に開放していること，また他者性の価値に顧慮を払うことにもっと力を入れるようフランシスは結論づけている．ここで〈ジェンダーと他者性〉という厄介な課題を背負いこむことになる．

筆者は，フェミニズムと教育理論の問題構制を一貫した体系のもとで整理できないでいる．ジェンダー研究は，現在，錯綜と模索の時期に入ったと考えている．それでもジェンダーと教育の実践の重要性を否定できない．フェミニズムとジェンダー教育学との理論的な袋小路からいかに脱出できるか模索し続けよう．これに関わって天童睦子は，下記のような興味深い視点をまとめている（天童睦子, 2001：p.120）．

しかし，生徒・学生に主なフェミニズム理論を教授し，ジェンダーイッシューについて気づくことだけが究極の目標ではない．教育問題のフェミナイゼーションが先決である．

表3-4 主なフェミニズム理論と教育問題の視点

	教育問題の視点	キーワード
リベラル・フェミニズム	教育機会の平等	性役割の社会化 性別ステレオタイプ
ラディカル・フェミニズム	文化と知識の男性支配	性と身体の男性支配 家父長制
マルクス主義フェミニズム	階級関係/ジェンダー関係の複合的再生産	資本制と家父長制
ポスト構造主義フェミニズム	多様な「差異」のもとでのジェンダー公正	権力関係と言説による性的差異の構築

4 ジェンダー論の可能性？―まとめに代えて―

　小論を締め括るにあたって，ジェンダー・フリー教育や性教育の行き過ぎた指導に対する批判にジェンダー研究者たちは注目しておく必要がある．詳細の紹介は省くが，伊藤公雄の『バックラッシュの構図』(2003)と亀田温子の『教育装置のつくりかえ』(2003)を簡潔に紹介しよう（女性学, Vol.11, 2003）．

　伊藤公雄は，バックラッシュの理論を冷静に分析している．バックラッシュ・のレトリックとして「相対主義」があるという．「ジェンダー・フリー」や「フェミニズム」を一種の原理主義的な存在として描きだす一方で，自分たちを「穏健な」「常識的」な立場であることを強く訴えている，というのである．この「常識・良心」の言説がイデオロギー（教条主義と排他的な臆見）的なのである．ジェンダー平等の可能性を探ること，ジェンダーイッシューの問題を取り上げることは伊藤公雄が指摘するように「生き方の選択肢を広げること」であるし，筆者はとくに自己＝他者性を生きる関係性の模索にあると考えている．関わることと拘ることが「自明視」され

たものと考えてきた関係文脈を一度相対化する認識枠組みにジェンダー概念を入れてみる．

　女性であること，男性であることをジェンダーやフェミニズムは否定しない．フェミニズムは小論で指摘したようにさまざまな考え方の違いがあるが，バッシング派の人たちもその「派」と「思潮」に加わり，対論の俎上に乗って活発な議論をすべきではないだろうか．筆者が強調しているように，「女性」であること（人間でもあることは当然として）が不利益を被る事態を「他者性」としての自己は無視できないという認識は重要である．フェミニズムは固定したイデオロギーではない．伊藤公雄は次のように締め括っているが，この考えには賛成である．「バックラッシュ派によって捏造されたイメージをときほぐし，ウソやデマゴギーを排しつつ，自らの主張を，わかりやすく伝え広げるという工夫が，ジェンダー平等の政策の推進のためには求められているのだ」(p.18)．

　亀田温子は，ジェンダー・フリー批判の拡大を「明らかにある意図からつくりあげられていることがだんだんと読めてきた」と指摘する (p.21)．つまり，「社会を見る力」のアプローチを全面的に削ぎ落としていること，男女に関わる生物学的な混乱などを引用しているようにジェンダーバッシングは，「個人の性格や内面に話を誘導するかたちで日常生活の不安と『ジェンダー・フリー』を結びつけているのだ」という (p.22)．

　バッシングによって「教育装置の再編」をねらっているのなら，教育システムの構造及び今日の教育改革の動きの中に国家の論理と「国民」の心情の論理の逢着と結節点を読み解く必要がある．

　山田昌弘は，ジェンダー・フリー教育を行なわなければならない理由の一つに「コミュニケーションのあり方の活性化」をあげてい

るが (1997：p.10), 筆者は, これに賛成である.

ジェンダーというエピステモロジーは, コミュニケーション力と社会(認識)力を培うものであり, 関係変革をミクロ(微視)において実現するよう求めているのである.

さて, 日本教育学会はかつて, 課題研究「ジェンダーと教育」研究委員会活動を設置した (2002年9月〜2004年8月). その報告集は, ジェンダーと教育(p.140にも及ぶ)の序で, 以下のように記している.

「(前略) 90年代後半にようやく, 広がり始めた両性の平等教育, ジェンダー・フリー教育へのバックラッシュが早くも起きている現在, ジェンダー視点からみた教育領域における課題を正確に把握することは急務となっている」.(「ジェンダーと教育」研究委員会, 2004年8月)

社会教育, 家庭教育, 生活指導, ジェンダー・フリー教育・性教育, そしてメディアなどの各領域のジェンダー統計の生産状況と必要統計を今後どのように相互の統計の現状と関連づけながら「課題」への認識を共有し合えるか, ともに考えて行きたい. 正確に把握するとはそういうことなのである.

最後に, 諸外国(主としてイギリスとアメリカ)のジェンダー研究の動向とフェミニズムとの関連について十分な紹介と咀嚼ができなかったことが心残りである. 昨年(2004年9月), ロンドン大学のジェフ・ウイッティとジェンダーについて話す機会があった. 筆者は, 日本でのジェンダーバッシングについて言及したところ, イギリスでもそうだ, といって教育研究所のジェンダー研究者を名指しで批判している新聞記事をみせてくれた. その記事の内容は, 女性研究者の「私的生活」のデマゴギーと研究(理論)の水準を混交させたゴシップに近い論調であったのを記憶している.

ジェンダー研究は，これからどこに行くのか．何のためのジェンダー研究か．変化する現代社会と教育改革のなかで「同時代に適ったジェンダー研究のパースペクティブ」の創造のためにジェンダー研究は続けていかなければならないのである．

付記　本章は「再びジェンダーについて考える―ジェンダーと教育の可能性を探る」(『明治学院大学教職課程論叢』「人間の発達と教育」創刊号，2005年3月)の標題を変え，加筆と修正をして転載したものである．

参考文献
東京女性財団『あなたのクラスはジェンダー・フリー？』1995年
上野千鶴子・小倉千加子『ザ・フェミニズム』筑摩書房，2002年
青木やよひ『女性・その性の神話』オリジン，1982年
上野千鶴子『家父長制と資本制』岩波書店，1990年
Stanworth, Michelle, *Gender and Schooling*, Unwin Hyman, 1983.
The Open University MA in Education, *Gender and Education Study Guide*, The Open University Press, 1987.
Shigenobu Mochizuki, *Gender Issues in Education—An Introduction—*,『教育学特集(明治学院論叢)』第13号，1991年
天野正子・木村涼子編『ジェンダーで学ぶ教育』世界思想社，2003年
P. L. バーガー，H・ケルナー (森下伸也訳)『社会学再考』新曜社，1987年
橋本紀子・村瀬幸浩他編『両性の平等と学校教育』東研出版，1999年
パウロ・フレイレ (小沢有作・楠原彰他訳)『被抑圧者の教育学』亜紀書房，1979年
ポウルウィリス (熊沢誠他訳)『ハマータウンの野郎ども』筑摩書房，1985年
森繁男「性役割学習としつけ行為」柴野昌山編『しつけの社会学』世界思想社，1989年
天童睦子「ジェンダーとヘゲモニー支配」柴野昌山編『文化伝達の社会学』世界思想社，2001年
笹原恵「男の子はいつも優先されている？」天野正子・木村涼子編，同前掲書
亀田温子・舘かおる「学校におけるセクシズムと女性学教育」『講座女性学4』勁草書房，1987年
亀田温子・舘かおる編『学校をジェンダー・フリーに』明石書店，2000年

氏原陽子「中学校における男女平等と性差別の錯綜」『教育社会学研究』第58集，1996年

木村涼子『学校文化とジェンダー』勁草書房，1999年

日野玲子「「ジェンダー論」の授業をつくる」藤田英典・佐藤学編『教育学年報7』1999年

Sandora Hollingsworth, Feminist Praxisas the Basis for Teacher Education: A Critical Challenge, ed. by Catherine Marshall, *Feminist Critical Policy Analysis ①, A Perspective from Primary and Secondary Schooling*, The Falmer Press, 1997.

Jane Kenway and Helen Modra, *Feminist Pedagogy and Emancipatory Possibilities*, ed. by Carmen Luke and Jennifer Gore, Feminism and Critical Pedagogy Routledge, 1992.

上野千鶴子「フェミニスト教育学の困難」藤田英典・佐藤学編『教育学年報7』同前掲書

伊藤裕子「女」になる，「男」になる，―ジェンダーの発達心理学―」天野正子・木村涼子編，同前掲書

中西祐子『ジェンダー・トラック』東洋館出版社，1998年

木村涼子「ジェンダーの視点からの労働教育の必要性」『解放教育』No.446，解放教育研究所編，明治図書，2005年

天野正子「『性（ジェンダー）と教育』研究の現代的課題―かくされた『領域』の持続―」日本社会学会編『社会学評論』39巻3号

森繁男「『ジェンダーと教育』研究の推移と現況―『女性』から『ジェンダー』へ―」『教育社会学研究』第50集，1992年

中西祐子・堀健志「ジェンダーと教育」研究の動向と課題―教育社会学・ジェンダー・フェミニズム―」『教育社会学研究』第61集，1997年

多賀太他「『ジェンダーと教育』研究における〈方法意識〉の検討」『久留米大学文学部紀要』人間科学科編，第16号，2000年

江原由美子「フェミニズム理論への招待」別冊宝島編『わかりたいあなたのためのフェミニズム入門』JICC出版，1988年

Becky Francis, Beyond postmodernism: feminist agency in educational research, ed. by Becky Francis and Christine Skelton, *Investgating Gender*, Contemporary perspectives in education, Open University Press, 2001.

伊藤公雄「バックラッシュの構図」日本女性学会学会誌11号編集委員会編『女性学』Vol.11，2003年

亀田温子「教育装置のつくりかえ―社会の見る眼を奪い，心理主義化をすすめる教育改革とは―」『女性学』同前掲書

山田昌弘「ジェンダー・フリー教育の成果と課題―差別解消とコミュニケー

ションの活性化をめざして」『教育総研年報 '99』国民教育文化総合研究所編集・発行,1997年

〔その他〕
多賀太「ジェンダー・フリー教育の困難」情報社会学科編『久留米大学文学部紀要』2003年
女性学の再構築・女性学研究会編『女性学研究』5号,勁草書房,1999年
岩永雅也・稲垣恭子『新訂教育社会学—教育の社会的意味とその変容—』放送大学教育振興会,2003年

第4章 「自立」・「共生」の概念形成とその社会構成的背景を探る
―概念を超えて変革のパトスを求めて―

はじめに―「自立」と「共生」をジェンダーの視点から問う―

 現在, ジェンダーに関する議論は一時の隆盛を超え, ある種安定期に入ったように思われる. それは「ジェンダー」という概念がもっていた根源的な批判性が, さまざまな学問領域に積極的に取り入れられ, 一般化した結果なのだと思いたい.

 しかし一方で, 近年の動向に対してある種の違和感を覚えるのも事実である.

 かつて, 筆者は日本の教育社会学におけるジェンダー研究をまとめた際, 6点にわたる傾向性を指摘した[1]. それは以下である. ①「ジェンダーと教育」研究における諸概念の混乱, ②「女性研究」としての「ジェンダーと教育」, ③ 特定階層への集中, ④ 主流としての「不平等」というテーマ, ⑤ 実践による反照の軽視, ⑥ リアリティの不問. ところで, これらの傾向性は現在の一般化されたジェンダーを問う枠組みのなかで, 取り組まれ乗り越えられているものなのだろうか. たとえば, 特に「高学歴女性」を対象にした研究が (③), 教育達成の不平等を問題とする限り (④), 高学歴による教育達成を目指さない存在は除外され, また, 個々人がどのような現実感のもとでジェンダーを認知し, 同時にそのジェンダーが生きられているのかという点を不問にしてしまう (⑥). いうまでも

ないが, アカデミアにて構築された概念やファインディングスは専門領域の中だけで流通するものではない. 何よりもそのデータの提供を具体的な社会におけるさまざまな関係に負っている以上, それをもとにして得られた学問的な知見は具体的な社会や関係のもとで, もう一度問いなおされる必要がある (⑤). そもそも何故「ジェンダー」を用いる必要があったのか, それを用いることでどのような事態や事象を明らかにしようと意図されていたのだろうかという問いである (①). このように考えてみると, 先に「(ジェンダーが) 一般化した」と述べた内容が, 必ずしも諸傾向の超克という方向に行かずに, 逆にある種の「批判性」を脱色し, あるいは, 無難な形で慣用されていったのではないか, という疑念が残ってしまう.

振り返れば, 筆者の問題意識は「差異性」と, それ (「差異」) を前提とした関係性にあったように思う. だからこそ, 「高学歴者」のみを対象としたり, 現代社会 (とその構造) の多様性を不問とし, 「地位達成」や「教育達成」という方向性を特権化し, 厳密にいえば「排除」を伴う特権化へと導いてしまいかねない, そういう問題構成の在り方を問題視していたのかもしれない.

筆者は問題意識を「差異性」やそれを前提とした関係性構築の可能性, つまり個々の「リアリティ」形成にシフトさせた. そしてこの延長線上に「共生」があり, そのプロセスに「社会化」というテーマを立てた. いいかえれば, これは身近な他者を問う視点としての「ジェンダー」の再検討である.

以上, 本章ではジェンダーをモチーフとしながら「自立」と「共生」を検討する.

1 「自立」の問題

「自立」そして「共生」が，これからの時代において求められる価値やその方向性として注目されだしてから，すでに相当の時間が経過している．しかしながら，「自立」も「共生」についても，それがどのように達成されているのかということを具体的にイメージできないでいるのは筆者だけだろうか．何よりも「自立」と「共生」とはどのような状態として見なされているのだろう．

それぞれの言葉の用いられ方を，手近にインターネットで調べてみると，それぞれが数百万件を超えるヒット数になる．すでに日常語として定着した観のある「自立」は，厳密な概念規定を行う必要もないほど一般化した．それだけに，これだけの用例が登場してきているのだろう．また，「共生」ということばも，その取り回しの便利さから，さまざまなスローガンとして定着しつつあるのかもしれない．政治的な旗印としても，この両者のコンボは悪くない．

しかし，この「自立」や「共生」は，イメージのわかりやすさとは対照的に，具体的にはどのような状態を示すことばなのかと考えてみると，実はそれほど単純にはいかない．

まず，「自立」について考えてみよう．「あなたは自立していますか」という問いに，人はどのように答えるだろうか？　たとえば，自分自身の生活が自身の経済力によって成り立っている者は，YESと答えるかもしれない．学生または未成年で，養育者に経済的に依存しているために NO と答える人もいるだろう．それとは別に，自分自身の考え方に基づいて行為行動できているから，YES とする人がいてもいいし，同様の理由で，まだしっかりとした自己が確立しておらず，誰かに依存する傾向があるため NO と答える人がいる

ことも想像にかたくない．それとは別に，この問いにおける自立の意味を逆に問いなおすケースもあり得る．ここでは，「自立」ということばからイメージされるものが多様であることを確認できればよい．そして一般的に「自立」することは，社会的にも個人的にも「良きこと」とイメージされる傾向があることもつけ加えよう．

　先にふれた「自立」についての答え方に注目すると，主に経済的な側面に関連する自立イメージは「経済的自立」として理解され，自己や意識，精神に関わるような自立イメージは「精神的自立」として扱われてきた．もちろん，このこと自体を否定するものではない．しかし，そのような「良きもの」としての「自立」イメージは，それが「良きもの」として見なされ，流通すればするほど，その程度に応じて，個々人をそのイメージの中に絡め取ってきた．また同時に，そのようにしない，できない存在に対しては否定的なイメージのもとに収斂してきたように思われる．こうした支配的な状況に対して，しょうがい者の自立生活運動は，以下のような「自立」のパラダイム転換を行なったことは注目に値する．

　　ふつう私たちは「自立」というと，他人の世話にならずに単独で生きていくことを想定する．だがそのような自立は幻想に過ぎない．どの人も自分以外の他人によってニーズを満たしてもらわなければ，生きていくことができない．社会は自立した個人の集まりから成り立っているように見えて，その実，相互依存する人々の集まりから成り立っている．人生の最初も，最期にも，人と人とが支え合い，お互いに必要を満たしあって生きるのはあたりまえのことであり，だれかから助けを受けたからといって，そのことで自分の主権を侵される理由にはならない．
　　人びとが相互依存して生きている社会で，他人の助けを得ないことが，なぜ理想とされるのか．誰からも助けを得ない人は，豊かな

人生を送っているとは言えない．障害を持った人が，必要な助けを必要なだけ得られる社会は，どんな人も安心して生きていける社会だ．それは障害の有無にかかわらず，私が私の人生の主人公であることを貫くためである．障害者運動から生まれた「自立」の概念は，非障害者を標準にできあがった，それまでの「自立」観を，大きく変えた．
(中西／上野　2003：7-8)

　私たちがあたりまえのように考えている「自立」が，実は「非障害者」を規準にしていたという認識は重い．なぜなら，「自立」とは個人の在り方を中立的に表示する「ことば」ではなく，社会的に価値づけられた「規範」だからである．それはサンクション（他者の態度に対する肯定的―否定的な評価を伴う態度）を通して関係のなかに繰り込まれ，それぞれの個人的な有り様に影響を与えていく．先に述べたような，「良きもの」としての「自立」イメージを無批判に生きることは，結果としてそのように「自立」できない存在に対する不感症または差別となるばかりでなく，それを是とする社会と構造を再生産することに加担してしまう．[(2)]

　上野千鶴子によれば，現代社会とは自由・平等な世界ではなく，下記のような成員構造の階層性によって示される．

　成人男性のみが現役兵，すなわち市場社会における正当な成員であるとすれば，病人やしょうがい者は正当な成員とは一線を引かれた存在であり，子どもは成員以前の存在として，そこに向けて訓練される存在となる．高齢者は成員としての任に耐えないとみなされ，はじき出される存在であり，それらさまざまな存在を家事労働として世話をするものとして女性が位置づけられる．上野は続けていう「健康な成人男子だけを"人間man"と見なす近代思想のもとでは，その実，子供は"人間以前"の存在だったのだし，他方で老人は"人間以後"の存在，女性は"人間以外"の存在なのである．近代主義

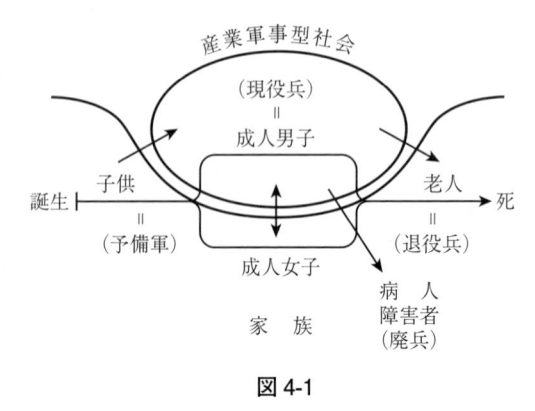

```
              産業軍事型社会
                (現役兵)
                   ＝
                 成人男子
   誕生  子供                          老人      死
         ＝                             ＝
       (予備軍)                        (退役兵)
                 成人女子
                                    病　人
                                    障害者
         家　族                      (廃兵)
```

図 4-1

出所) 上野千鶴子『家父長制と資本制』岩波書店, 1990 年, p.9 より

的な"人間"の概念は，必然的に"人間ではない"人びとを生み出し排除することによって成り立っていた」.（上野 1990：p.9)

逆にいえば，上野のいう「人間以外」の存在とは，現代社会のしくみに合わないために「自立」できないものとして「問題を抱えさせられた」人びとである．だとすれば，そのような人びとをはじき出した社会にこそ，この状況に対応する責があるのではないだろうか．

> 超高齢化社会のなかで，だれもがいつかは「障害者」となり，ハンディを抱えこむことが予想されるとき，人生のうちで依存する者もおらず，人に依存する必要もない一時期にだけ合わせてつくられた社会のしくみを，根本的に考え直す時期が来ている．
>
> （中西／上野　前掲：p.11）

私たちは完結した個々人の「自立」ではなく，人と人とが関係を取り結びつつ生きていく，いわば関係主義的自立を構想していく必

要がある．同時に，これは現代社会の社会システムに構造的に埋め込まれた問題であると考えられ，個々人の意識の問題である以上に，団体や集団，機関，組織，そして制度の問題でもある．問題を個人に還元するのではなく，社会システムの在り方を考えていく必要があろう．

「自立」に関して，それが単純なものではないことがみえてきた．それでは，「共生」とは何なのだろうか．

2 「共生」の登場

「共生」という用語は「自立」以上に錯綜としている概念である．ここでは少々スペースを割き，その使われ方の文脈を若干整理してみたい．

(1) 施策としての「共生」

先にも述べたように，この「共生」という用語は，政治的なスローガンとして使いやすいため，施策においてもかなり多用されている．まず，制度的・公的な文脈における「共生」を検討しよう．

2001年，中央省庁の再編にともない設立された内閣府の内部部局には7つの統括官が置かれた．そのうちの一つが「共生」全般を扱う「共生社会政策担当」というポジションである．ここでは，少子化対策，青少年育成，高齢社会対策，障害者施策，犯罪被害者等施策など，社会生活において「共生」に関わる（とみなされる）さまざまな分野について，各府省の連携の確保を保つことがその機能とされる．2005（平成17）年6月には「共生社会の形成促進に関する研究会」による「『共に生きる新たな結び合い』の提唱」という報

告書が提出され，現在の「共生」に関する指針はこれによっている．

報告書（ここでは詳細版を用いる）によると「共生社会」の必要性は，現状における「市民の活動の活発化」（特に子育てや障害者の介助など）や，自然災害に伴う「ボランティア活動」を引き合いに，「近所どうし，あるいは従来の共同体内部の行為や役割とは異なる人間関係を背景に人々が多様な形でつながっている動き」として定義するところから始まる．

報告書ではこれらの動向の背後に，① 自由競争の中で競争にのみ焦点化し，他者への配慮や思いやりが失われかねないことに対する（個人の）危機感から，社会の一員としてバランスを回復しようとする模索，② 希薄化した人間どうしのぬくもりや潤いなどを再考し，人間関係の重要性を見直そうとする動き，③ 自由で活力ある経済社会のために人間同士の関係や個性を生かした関係が注目された，④ 自立した個人が伝統的な共同体の制約にしばられず，自由に関係をつくっていこうとする試み，などを見出し，その上で，「人と人との関係の在り方が社会の真の豊かさにとって重要な要素であるとの認識ではすべて共通している」とまとめられる．

「共生社会」については，報告書で「共同体意識が弛緩し，地縁や血縁に基づくつながりが弱くなったといわれる現代社会において，それに代わる冒頭で触れたような（ボランティアや市民による活動：筆者註），新たな人と人との関係性によって結びつけられる社会の在り方」と定義づけられる．

ここで示されているのは，個人を直接の単位とし，そして個人が主体的に取り結ぶ人間関係を前提とした上で，そのような主体的な取り組みが結果として経済社会の発展や社会の豊かさに連続しているという，おおらかな見方である．報告書では，そのような活動が

行政の間隙を埋めるのではなく,「社会変革」に連なるものとさえ記されているが,一方で自由主義化,市場経済化,情報の高度化を肯定的に捉えていることから考えても,どちらかといえば「構造改革」という意味合いにおける「社会改革」がイメージされているのかもしれない.

他方,伝統的な共同体は固定的で制約的な関係であり,その制約から解放されることで,逆に主体的に地域づくりに参加できるという認識も示されている.

問題は,ここで示されている文脈で「共生」をとらえるならば,それは限りなく現状の「社会変革」を肯定的にみなし,そのようなポジションに適応できる資質と能力をもった個人とそうでない個人との間で格差が増大する可能性についても容認していく可能性があるということであろう.以下に,共生社会実現の「道しるべ」とされる5つの指標を示すが,重視されているのはどちらかというと個人の意識や心がけの類であるようだ.ここでは,制度的な側面をどのように構想するのかは明確に語られない.

ここではそれ以上踏み込まないが,3番目にジェンダーに関する問題が提起されていることを確認しておきたい.注目すべきは,この指標をより精緻化したかたちで示す,「共生のための指標一覧」には,「男女」という項目は存在しないということである.そしてそれは意図的に除外されたものであった.[3]

　○共生社会実現の「道しるべ」
　・目指すべき社会の姿―5つの視点―
　1. 各人が,しっかりした自分を持ちながら,帰属意識を持ちうる社会
　2. 各人が,異質で多様な他者を,互いに理解し,認め合い,受け入れる社会
　3. 年齢,障害の有無,性別などの属性だけで排除や別扱いされない社会

4. 支え，支えられながら，すべての人が様々な形で参加・貢献する社会
   5. 多様なつながりと，様々な接触機会が豊富にみられる社会

(2) 共生の問い直し

 もともと，この「共生」という用語には以前から様々な批判が寄せられている．ここではそれらのいくつかを紹介しておきたい．

1) 大江健三郎による問題提起（沖縄タイムズ）

 大江健三郎は，沖縄の集団自決において「共生」の用語が使われていたことを示した[4]．

> 島に展開した第32軍は，「官軍民共生共死」を方針としました．（中略）私は「共生」を大切に考えますが，武力を前に押し出した権力が市民に「共死」を強制することをふくむ，「官軍民共生共死」の思想の恐ろしさ，それにしたがう国民を作った教育について思います．
> （大江　2007）

「官軍民共死共生」については，その後，沖縄タイムスも社説で触れている[5]．「共生」ということばは万能ではない．使われ方によっては個々人を虐殺し，「自主的」に死を選択する（させる）思想にも結びついている．

2) 小内透の批判

「共生」に関する問題提起はこれにとどまらない．特に概念定義の問題について小内透は踏み込んだ批判を行う[6]．

> 多くの分野で使用されている共生概念は必ずしも厳密に定義され

たものとはなっていない．共生概念は心地よい響きを持つスローガンや修飾語として用いられる場合が多く，共生概念の濫用といっても言いすぎではない状況が生み出されている．共生ということばが用いられることによって，深刻で複雑な問題の本質が見えにくくなる状況さえもたらされる可能性がある．本来，回避するのが困難な矛盾・対立・緊張の契機をはらんだものどうしの関係を，矛盾・対立・緊張の克服の道筋を厳密に描くことなく，共生の一語で問題の解決が可能とものとみなしてしまう機能を持つ場合もある．

(小内　1999：123-124)

　小内は，従来の「共生」概念の使用について4点にわたる弱点を指摘し，それを克服することを推奨した．
①「さまざまな共生の内的特質あるいは共生の多様な状態についての考察が弱かった」．共生の本質規定の試みは，唯一の共生概念の確立を目指すあまり，多様性に注意を払ってこなかった．人間社会に存在しうる多様な共生の形態を考察するという視点が重要である．
②「共生の現実と理想の違いを含めた人間社会における共生の全体像を描こうとする視点が弱かった」．これも同じく，唯一の共生概念の確立を目指す試みが，共生のあるべき規範としての理想形態を求めたことによる．共生の理想像を現実の共生の中に位置づけ共生の全体像を描くことがその実現に繋がる．
③「社会システムないし制度の側面に関わる共生と日常生活ないし人間関係の側面に関わる共生の違いが十分に認識されていなかった」．従来の議論は人間関係に焦点化したものが多く，社会構造や制度に関わる側面が弱かったため，結果として「心がけ論」に終わることが多い．制度と生活レベルとの関連を検討する必要がある．
④共生概念の導入にあたって「ほぼ無制限にあらゆる領域に積極的な意味を持つものとして適用される傾向が強い」．現代社会の矛

盾や対立，緊張は「共生」の一語によって解決できるかのように見なされる傾向があるが，それが導入される領域によって共生の意味は違ってくる．共生概念の社会への無批判な導入は現状の問題を隠蔽する「保守的なイデオロギー」になる可能性がある．「人間社会に共生概念を導入するにあたっては，いかなる領域に即して共生概念を用いるのか，またそれがいかなる問題や意義をもちうるのかを考慮する必要がある．」

小内はこのように問題点を指摘するが，それは「共生」を否定するためではない．今後必然的にそのような状態が訪れ，その時，「差異を尊重しながら統一した社会を形成すること」を課題とする認識は重要であり，「共生」をとらえ直そうとする他の論者と共通する[7]．一元的な「共生」を批判する観点，「共生」を理念ではなく現実の中に位置づける必要性，構造的文脈の欠落の指摘，脱文脈性への批判などは傾聴に値し，他の領域で行われる先鋭的な共生批判とも通じるものがある[8]．

3) 藤田英典の方法

藤田英典は黒崎勲との論争を通して「共生概念」を具体化した（藤田　1999：pp.375-394）[9]．

藤田は共生の理念を仮説的に4類型に分類している．

まず，「融合的共生」とは，資本制の発生以前に行われていた共生とされ，閉じた地域共同体の中で伝統的な規範と慣習の中に埋め込まれたような形態を取る，閉じた世界内での共生である．この時点ではまだ，自律的な個人という考え方は出現していない．

次に「棲み分け的共生」とは資本制の発生後，社会の流動性が高まる中で地域社会が階層・集団・文化の諸側面が重層的に構造化さ

れた段階の共生であり，身分・階層・階級などによって棲み分けが行われ，文化的，空間的，そして社会的に独自の生活世界を構築し相互干渉しないような緊張関係をはらんだ棲み分け的な共生である．この段階では，平等な個人は想定されていない．

さらに「市民的共生」とは，市民社会，民主主義社会においてその実現が志向されてきた共生原理であり，この段階にいたってようやく，自立した個人の自由と平等が想定されるに至る．そしてそのためには，多様な他者や文化を許容しあう，関与しあう実践的な取り組みが前提となる．

最後に，「市場的共生」とは，情報化され都市化された環境において，匿名的な個人として，市場社会のルールに則して消費的に達成される共生であり，自己充足と無関心・自己防衛を原理とする．

藤田は，この「市民的共生」と「市場的共生」を対置し，日本社会がどちらの共生を原理とするのか，その岐路に立たされているという認識を示した．

さらに，現代社会が「貨幣や権力をメディアとするシステム合理性に支配されている」ことを認めつつ，現代における共生がさまざまな利害対立や抗争に終始しないためにも，「一定の教養形成が必要である」と藤田は主張する．これは，単に学校教育の問題に限定されるものではなく，その基盤としての「民主主義社会の教育」に託されているとも指摘している．

藤田の議論はもともと学校選択制の問題とかねあわせて提起されたものであるから，必然的に「(市民的)共生」がどこで行なわれるかという点に踏み込む．藤田はいう．「〈市民社会〉を理念として掲げ志向することに価値があると考えるなら，その前提ないし要件として，現にそこにある居住・生活圏において〈市民的共生〉〈市民

的コミュニケーション〉の十全な展開を志向し追求することが課題となるはずである」(藤田　前掲：385). 先に触れた行政による「共生社会」とは異なり，それをコミュニティにおいて実現されるべきものと明言したのは他にあまり例がない．しかし，この論点は実は男女の共生を考える際にもかなり重要な論点になるのではないだろうか．

(3)「ジェンダー」と「共生」の問題へ

ここまでの予備作業の上に，「共生」の議論をジェンダーの観点から構成し直してみたい．その際，「共生」ということばを比較的早くから用いており，同時にフェミニズムやジェンダーに関しても積極的に発言している花崎皋平のフレームを借りることにする．

1) 花崎皋平の共生論[10]

花崎は近代国民国家とそれを支えるイデオロギーとしての「民主主義」とは一歩間をおき，それをのりこえる思想と生き方をめざす可能性を託して「ピープル」という考え方を示した．「ピープル」は，「国籍や民俗や性によって分けへだてられては成立せず，世界的にだけ成立することができる範疇」として定義され，特にその連携への不断の接近を目指す者として「進行形においてだけ成立する」．単に人権や民主主義を掲げたとしても，それが中心と周縁，北と南の格差や不平等な関係を維持してしまうならば，その関係そのものが人権や民主主義を破壊していることに目をつぶることになると注意をうながす．

ジェンダーに関連させて，「女性差別の文化と制度の，男権制・家父長制の思想とシステムの，社会に根を張った女性の性の抑圧機

構の認識をうながす」．そしてこれらの克服のために，「女性と男性の真に対等な，あたらしい協力の在り方は，今後探求すべき未踏の広大な領域である」と示される (p.40).

2)「共生」への課題

花崎は，共生のために克服しなければならない課題を二つあげる.
① 個人としての人格的独立と自由を行為の原理とする思想性の要請

> 私は日本列島社会内で多数を占め，社会的力関係において他の民族集団に対して有利な立場にある日本民族の一員として生を受けた．この民族集団は近現代の歴史をたずねると，アジア・太平洋地域の諸民族に対しても民族差別を行ってきた．私にとって，私が日本民族の一員として生をうけたことは，自分で選んだことではなくて，与えられた条件であり関係である．民族や社会や国家は過去からの連続と累積をもって現在を規定している．私が日本人として生きていることは，その歴史的必然（すでに取り返しのつかない既成性としての）を身に負っていることを意味する．その必然の内容には，有利なことも不利なこともある．誇ってよいことも恥じなければならないこともある．未来へ向かって，それらの条件をどう引き受け，どう使ってはたらくか，そこに人間としての自由の行使がある．(p.118)

花崎は「一個の責任主体」として，「個人の精神的営み」として，自分の属する国民国家が少数民族や先住民族に対して行なっている侵略，抑圧，搾取，差別について道義的責任を自覚し，その責任を自分の自由な行為をつうじて果たそうとすることができるとする．「私がそう努めるのは，他の被抑圧，被差別民族集団にアイデンティティをもつ個人と，抑圧や差別のない関係を創造したいからである」し，また「それが可能であると考えるからである」(p.119).
花崎は必要以上に「個人」の存在を強調しているようにみえるがそ

れは以下の理由に基づく.「歴史的に差別されてきた人びと—たとえばある先住民族の成員—が差別してきた民族集団の成員を批判し,糾弾するさいに,直接現前する相手をその所属集団の人格化と見なす場合がよくあり,そのことに対応して批判される側も,自分を所属集団と同一化して反省の情を示すあまり,個人としての自己主張をやめてしまうことがある」(前掲　同).個人の内面によって受けとめられ,自己主張を伴う責任主体の自覚によって担われない反省は空疎な懺悔にしかすぎない.さらに「個人としての人格的独立性を,人間の自由という本質に関わる問題とあわせてとらえ,反省と行為の原理に据えることが大切である」(p.119)ともいう.もちろん,そのような立場に立たされたすべての個人が反省の情を示すとは限らず,個人としては差別も加害もしていないのだから,責任も反省する必要も感じないという者もいるかもしれない.そのような存在は,「自分が織り込まれている歴史や社会関係に目を閉ざし,現実の法・制度・構造から観念的に自己を切り離す逃避的な独りよがり」(p.120)と批判する.

　一方,差別者の側だけでなく,「被差別者側にも,この個人としての人格的独立と自由を行為の原理とする思想性は要請される」(p.120)と語る.同化を強制してくる集団に対して,自らの民族や文化の伝統を尊重し,その独自性を擁護するために,伝統を伝統であるからという理由だけで守ろうとする「伝統主義」に立てこもる場合がある.それは内部からの自己革新による発展を妨げる結果,「抵抗を消極的でもろいものにする」.民族や文化の伝統は「特殊性」ではなく「普遍性」によって,人類の伝統という開かれた見地によって擁護され発展されるべきであるとされ,さらにつづけて,「他の集団のあり方を批判するのであれば,自分の属する集団へも同じ

原理を適用することが必要」と語る．外には厳しく，内には甘い「二重規準」は腐敗を生む温床となりうる．

　もちろん，このようなことが単純な手続きとしてはできないため，非常に困難であることは自覚されている．その上で，「原理原則の普遍性のつらぬきかた，それを生かすための道すじのえらびかたに，非対等な関係の両側の差異を無視しない工夫や熟慮が必要」と強調される．

② タテ型の上下関係をのりこえる

　これは言い換えれば「公私両面で上下関係を温存したり再生産しない努力」のことである．差別者側において，差別を克服しようと合意できる立場のもの同士のなかにさえ見出しうる上下関係，パターナリズム，権威主義，懺悔主義などは，被差別者側に対してこれらに対応した態度を生じさせる．差別とはその本質を「人と人とを固定的な上下関係に置くこと」であり，そこからの解放は「人と人との関係を水平化すること」とされるのだが，それをきらったりおそれたり，できなかったりすることもよくあることである．また，差別する側もされる側にも，それぞれの内部にさまざまな上下関係が貫徹しており，だからこそ，普遍的規範としての「人間の根本的平等」に立つことが大事とされる．同時に，差別，抑圧される側の具体的な苦悩は不可侵なもので，それを軽んじてはいけないとされる．「人の尊厳を傷つけるということがあらゆる罪の中の第一の罪」であり，いったん傷つけられた尊厳は，本質的には回復不能である．花崎はいう．

　「人間の心は"壊れもの"である」．

　花崎による共生の課題を長く引用してきた．それは，根本的に花崎の捉え方に賛同するところが大きいからであるが，同時にそれが

自身の実践と照らし合わせても，必要な認識だと思うからである．

冒頭でも述べたように，筆者の課題は「差異性を前提とした関係性をいかに構築するのか」ということである．筆者は，家父長制下で性別二元論によって非対称的な一方の当事者に振り分けられた「男性」である．そしてこの構造上の位置づけから逃れることができないし，それをふまえた上で，抑圧や差別のない道を模索していくしかないだろう．ある特定の存在に対して自らが他者であったとしても，そこ（他者の視点）からは事態がどのようにみえるのかという視点を提供することは少なくとも可能だろう．歴史性，構造性を踏まえた上で，次に踏み出す一歩が筆者には重要だと思うのである．「差異」を前提に問題意識によって他者と繋がること，これを「ラポール」と考えている．(11)

3) フェミニズムと共生

花崎皋平は著作の一部を男性と女性の問題に割いている（花崎前掲：pp.257-300）．

当初における花崎の女性運動観は，次の言葉から読みとれる．「"近代化と開発"への批判を棚上げして，女性への抑圧だけを抽象して普遍化させる近代主義の，また欧米羨望形のフェミニズムの思考枠組みには，違和の思いがあった」(p.261)

> 女性解放の問題を，世界的な不平等と抑圧を生み出している経済と政治の構造問題と切り離してとらえてしまうと，フェミニズム運動は先進国の"文明化"に無条件に賛成する北側の中産階級女性の自己中心的運動になってしまう．遅ればせながらに渉猟した八〇年代フェミニズム文献中には，"進んだ欧米と遅れた第三世界"という認識の枠組みをふまえて，欧米の最新の理論を翻訳紹介し，それを

第4章 「自立」・「共生」の概念形成とその社会構成的背景を探る 113

物指にして"遅れた近代人"としての女性を啓蒙し，"近代に追いつけ"と論ずるものがかなりあった．そうした議論に出会うと，たとえそれが，女性の置かれている立場について，それ自体としては反論の余地のない認識を示しているにしても，私には納得できない思いが残った．
(花崎 2001：p.262)

その後，日方ヒロコの「生きる瀬」⁽¹²⁾，田中美津の「痛み」と「闇」⁽¹³⁾，そして「家父長制」という考え方を花崎は評価するが，一方でフェミニズムの提起した問題が，結果として差異や格差を助長してしまう状況にも着目する．北の利益が南の抑圧と搾取に基づくとき，それは男性ばかりでなく女性をも分離していく．開発とそれによって奪われる尊厳の問題を共有していくこと，それを通して，分断を克服していく道もみえると花崎はいう．花崎のいう「共生」を読みとくポイントがここにある．

また花崎は家父長制について再検討し，2つの形態を区別する．一つは「人格的な抑圧と支配の家父長制」であり，もう一つは「物象的依存関係のもとでの家父長制」である．

「人格的な依存関係の家父長制」は，女性に対する人格的権力支配であるが，その支配は外面的であるため，女性の人格的全一性は内面的には解体され尽くされない．

他方で，「物象的依存関係における家父長制」は，必ずしも具体的な男性個人の家父長による人格的支配を意味しない．それは，「量的に換算できる能力や技術や業績を基本的価値とした個人主義競争ルールのもとでの家父長制」であり，家父長制の主体が生物としての男性である必要はない．そこにあるのは，「関係を支配し，裁量権や決定権を持つ地位や役割の人格化として，社会的文化的次元

で定義しなおされた性，ジェンダーとしての男性性である」とする．強引な読み替えになるかもしれないが，権力としての家父長制は，生物としての女性においても可能である．人と人との関係には定位せず，その関係を物象化したところに成立する個人主義は，結果的にその物象化された関係に依存し，それを再生産する．具体的には生殖技術の進展が女性の解放を導くような誤解を生む．このような物象化した関係の延長線上に，南北格差や貧富の格差などの人権の矛盾が起こったと花崎は見る．具体的には「産む産まない」についての，女性解放運動としょうがい者運動との矛盾である．

産む産まないについての女性の自己決定はしょうがい者の自己決定と「生きる権利」と矛盾する．金井淑子の論点を引用して，現状の男性支配・女性抑圧の社会では子どもを産み育てること自体が「女ひとりの一生に重い負担をかけ，彼女の自己実現をおびやかす」ことになるということを認めたうえで，次のように述べる．しょうがい者運動と「女性運動とは，対立を生じさせている文明と社会システムを変える，という共通の課題のもとで，相互の対立を相対化する必要がある」．

われわれは「他の生命への加害性」を逃れることはできないけれど，「その共通の底に立って悩みながら人と人との関係，人と自然との関係の，より差別の少ない，より相互性のある在り方を求めて生きなければならない．そのかぎり，私たちは他者の悩みや痛みを他人事でなく受けとめることができるだろう」と花崎は述べる．花崎の主張は，「『私の闇』，『私の痛み』にこだわり，それを手放さずに他者と向き合い，社会と向き合う」という田中美津のリブの思想とも通底しよう．

3 市場を前提とした「自立」「共生」を超えて

(1) 事例としてのバックラッシュ

　本論では，ジェンダーに関するバックラッシュ現象を跡づけたり詳細に検討することはしない[14]．ここで考えておきたいのは，バックラッシュ側の言説を支えたリアリティは何だったのかという点である．

　小熊英二と上野陽子は，「新しい歴史教科書をつくる会」の活動への参与観察によって，バックラッシュがどのようなリアリティによって受けとめられたかをまとめている[15]．そこで見出されたのは，「冷戦後の価値観の揺らぎや，教育現場の混乱のなかで，自己を表現すべき言葉の体系を身につけていない者，孤立感に悩んでいた者が，ナショナリズム運動に希望を見出していく構造」（小熊／上野 2003, p.28）ということであった．「あらゆる共同性が，実感できる関係性が，有効で開かれた公共性が崩壊し，政治への不満も，経済的失速への焦りも，日常や未来への不安も，すべて表現する言葉が失われているかのような閉塞感．そのなかで，幻想の希望を集めて膨れあがってゆく，無定型で"健康"なナショナリズム」（前掲 p.38）という論拠のなかに，彼ら彼女らにとってそれ以外の希望を持てる余地がなかったという見方ができるかもしれない．バックラッシュ言説の背景を次に読みとれる．

　　彼らは「普通」を自称する．だがその「普通」がどんな内容のものであるのかは，彼ら自身も明確に定義することができていないのだ．そうした彼らが行うのは，自分たちが忌み嫌う「サヨク」や「官僚」や「朝日」を，非難することだけである．あたかも，否定的な他者を〈普通でないもの〉として排除するという消去法以外に，自分た

ちが「普通」であることを立証し，アイデンティティを保つ方法がないかのように（前掲　p.197）．

　ここで非難されるもののなかに，「普通ではない」ものとしての「ジェンダーフリー」と「ジェンダー」があったと考えられないだろうか．

　以上の論点に従えば，バックラッシュの動きに対して，真の「事実」を提示すれば足りるとするような認識は問題を残す可能性がある．L・フェスティンガーが示したように，自身の意味の連続性にこだわる主体にとって，「事実」は容易に否定したり無視することが可能である．(16) 現代における関係様式のもとで「公平」や「公正の原則」を振りかざしても，それは嘘くさい空理空論として否定（＝消費）されていくしかない．

　「問題」の構造は，そのような存在をいかに「説得するか」（＝自分にとっての真実を押しつけるか）という方向性ばかりではなく，現代社会における関係構造の在り方を究め，共通する基盤をどこに設定するか（またはそれが可能か），という方向性を探ることが重要と思われる．バックラッシュの問題で重要なのは，自身の与する「正義」を問答無用で掲げることではなく，互いの「生きる瀬」を見出していくことではないだろうか．

（2）どのようなモデルを構築できるか？

　かつて作田啓一は，制度が人間をつくるという思想に基づいて構想された「定着の論理」と対比し，人間が制度を作るという思想による「生成の論理」を提示し，その可能性を示してみせた．(17) 知性は単一の不可分の全体を部分の集合に置き換える，すなわち「分割」する傾向があるが，経験は部分に分割し得ないものであり，あえて

分割しようとすると，経験を捉え損なってしまうことになる．分割しようとする意向は，分割し得た諸部分を実体として置き換えてしまうことで「定着の論理」となる．そしてこう述べる．「感情の世界を定着の論理で捉えることはむつかしい．同様に，物質界を生成の論理で捉えることはむつかしいと言わなければならない」(作田　1993：p.31)．ジェンダーの問題も他者性の問題も，どちらの論理でもとらえられる．しかし，近代科学の傾向性と歩調を合わせつつ，それらの問題は定着の論理によって扱われつづけてきた．特にそれが「運動」の文脈で扱われるとき，目標設定や方略の関係からその傾向には拍車がかかったといえよう．しかし，先にみたように，リブのなかにはそのような「定着の論理」ではなく「生成の論理」で語ったものもあり得たのではないだろうか．少なくとも私たちは，既存のシステムを所与とするのではなく，それ以外のシステムを志向することもできる．

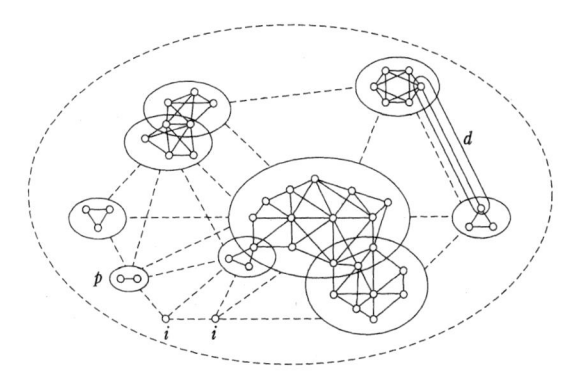

i：単独者，というユニット　p：対，というユニット
d：このdが，いくつもの海をへだてた距離であることもある．

図 4-2

出所) 見田宗介『社会学入門』岩波新書，2006．p.191より

たとえば見田は，個々人がその自由な意志において，人格的に呼応しあう関係として「交響体」を提示する．図4-2の実線で囲われた部分は「交歓する他者」を示し，そこでは「喜びと感動に満ちた生の在り方，関係の在り方」が主となる．点線で囲われた部分は相互に他者として生きるための最小限のルールを定め，それを守る関係である．ここには「交歓」するような喜びに満ちた関係はみられないかもしれないが，少なくともルールを守ることによって互いを侵害したり妨害，迫害しない関係がある．「交歓する他者」の関係で最も一般的であるのは家族かもしれないが，それ以外の関係において「交歓」を求めることも可能であり，また家族をもたない単独者もここには含まれる．何よりも「交歓する他者」を全域化しないことが重要である．自由な社会とは，万人が共にルールを作る社会でもある．これは先に触れた藤田英典の「市民的共生」や花崎皋平の「ピープル」と共振するものであるだろう．

　藤田と花崎の提起する「共振」とジェンダー実践において，ジェーン・マーティンの示した「ジェンダー・センシティヴ」という概念が有効かもしれない．[18] この概念は「ジェンダー・フリー」という概念に対応して考えられたものだが，「ジェンダーをそれが重要に関係するときには考慮に入れ，そうでないときには無視する」というものである．[19] この場合，すべての事柄について何が関係し，何が関係しないのかという議論の必要が理論的には生じる．バーバラ・ヒューストンによればこの概念の利点は，「つねに特定の状況について，ジェンダーがどのようにつくられていて，その特定の状況でどのように働いているのかに注意を向けることができる」点にあるという．また，ヒューストンはジェンダーを，「人の性質」ではなく，さまざまな方法でつくりだされる「人びとの間の関係性」

と捉える．「ジェンダー・センシティブ」の概念は，この関係性がどのように編成され制度化されているのかに敏感になることと考えてよい．言い換えれば，あらゆる差異に対して敏感になるということでもあろう．この意味で，「ジェンダー・センシティブ」はあたらしい関係を構築していく上で，重要な用具となり得るだろう．

　もう一つ，筆者が注目しているものがある．それは概念ではなく，一つのオブジェであった．1996年，東京都写真美術館で開催された「ジェンダー　記憶の淵から」という展覧会において，嶋田美子の「ブラック・ボックス，ボイス・レコーダー」[20]という作品があった．真っ黒な箱に鎖がかけられており，その横で何事かを訴える音声が流されている．一つだけ蓋の開いた箱があり，のぞき込むと，水を張った箱の下から女性の目が見すえていた．それは韓国・朝鮮人の従軍慰安婦の眼差しだった．

　私たちは，ともすると自分たちの行為や行動を一人称でしかとらえない傾向がある．しかし，その行為が社会的なものである限りにおいて，それは他者によって見据えられているものでもあろう．この時の他者は，自分のことをわかってくれる，わかろうとしてくれる理解のある他者とは限らない．それは場合によって，私たちの在りようを射抜くものであるかもしれない．「差異性」を前提とした「関係性」のもとで「自立」と「共生」を問うということは，このような多様な関係性を引き受けるということではないだろうか．

4　おわりに

　本論で筆者は十分な結論を提示し得なかった．しかしここで述べてきたことは，筆者がフィールで常にたち迷う事柄であり，また

立ち戻る原点でもあった．その意味で，筆者にとっての「いま・ここ」で現在進行中である，いわば，問題意識の核心ともいえる．したがって，最後に問題提起という形に留めて記しておくことでまとめとしたい．

① 「共生」はどこで実現され得るのか

筆者は藤田英典が示したように，コミュニティにおいて「共生」が実現されると即断できない．現在，地域社会では藤田のいう「融合的共生」と「棲み分け的共生」そして，「市民的共生」と「市場的共生」が乱立状態であり，「現にそこにある居住・生活圏」(藤田)というものが本当に成立しているものかどうかは不明である．場合によっては，それは単なる語るための「手続き」にしか過ぎず，そこを生きる主体によって主観的に生きられる類のものではないことも想定できるのではないだろうか．先に触れた「共生社会形成促進のための政策研究会」がまとめた報告書で示された「地域共同体の解体」は，情報化が進展し，物理的な移動や移住が容易になった現代社会において，一面の真実を表示している．そこで生起する物象化された関係は，ジェンダーの在り方を根本的に方向付けるものである．しかし他方，現在行われている「地域づくり」の試みには，物理的な土地を外延とし，そこに住む人びとを特権化した上で外部者を排除するような「地域」ではなく，それぞれの志向性をもとにした関係性の総体として成立する．いわば，ネットワーク的な「地域」を構想しているものもある．土地という物理性は伴うにしても，関係の複合体としての「コミュニティ」は，見田宗介のいう「交響体」や花崎皋平のいう「ピープル」とも響きながら，ある可能性を示すことができるかもしれない．そこでは既存の「ジェンダー」と

いう枠組みとは異なる新しい関係が構築できるかもしれない．

② 関係性の問題—ことばはどこからどこへ発せられているか？

　自分のことばは，調査対象者と直面しているか，ということを問う必要がある．場合によってはそれは素材としてしか意味がなく，調査者の問題意識のなかで，調査対象者のリアリティは切り刻まれていないか，という問い直しは重要である．さらにその結果まとめ上げられる研究や業績は誰を想定して書かれるのかも一考の余地がある．自身が語る，書くことばがどこへ向けられているのかを問うことは，共生を問う際には欠くことができない．共生を志向する言説が排除性を伴っていては問題なのだ．

　もちろん個別のリアルを抽象し一般的，普遍的に記すことも重要だが，それを保証する特定の枠組みから「自立」し，自身の立脚点を「共生」という文脈にシフトするには，まず関係に志向する他ないだろう．その意味で「ブラック・ボックス」の「まなざし」を意識化していけるかどうかが重要なことなのではないか．ジェーン・マーティンの次の言葉は共生の一つの可能性を示しているとも読めないか．「個人の誰をも責めることがないような，政治家が使えるような議論を展開できれば，社会変革が成功する可能性は高いと思います」（前掲，p.236）．この可能性を信じたいと思う．

注および参考文献
(1) 多賀太・春日清孝・池田隆秀・藤田由美子・氏原陽子「"ジェンダーと教育"研究における〈方法意識〉の検討」『久留米大学文学部紀要　人間科学科編　第16号』2000年，pp.41-80
(2) このことについては「トマスの公理」を想起されたい．「ある人間がその

状況を真実であると判断したらその状況は結果として真実である」.
(3) 共生社会形成促進のための政策研究会『「共に生きる新たな結びあい」の提唱(詳細版)』平成17年10頁「男女の共生や外国人との共生について目を向けないという意味ではなく,検討を通じて浮かびあがった目指すべき社会の姿,すなわち共生社会の5つの"横断的視点"は,男女の共生や外国人との共生を考える上でも,ある程度共通した示唆を与えるものと考えられる」
(4) 大江健三郎「定義集 なぜ主語が隠されたのか【書き直された文章を書き直す】」朝日新聞2007年4月18日
(5) 『沖縄タイムス』社説 2007年6月4日朝刊
(6) 小内透「共生概念の再検討と新たな視点」『北海道大学教育学部紀要』1999-12, 123-144
(7) たとえば,井上達夫・名和田是彦・桂木隆雄『共生への冒険』毎日新聞社,1992などを参照.それ以外には小内論文(前掲)とそこでの脚注が役に立つ.
(8) 先鋭的な批判は例えば樋口直人「排除と格差はなくなるか—移住者の現状から—」(〈NGOと社会〉の会主催シンポジウム「官製"多文化共生"を問う」レジュメ 2008年5月18日)では,「多文化共生」という使い方に「嘘くさい」とする感想を隠さない.
(9) 藤田英典『教育学年報7 ジェンダーと教育』世織書房, 1999年, pp.375-394
(10) 花崎は,自らの共生論をいくつかの著作で展開している.ここで検討したテキストは,『[増補]アイデンティティと共生の哲学』(平凡社ライブラリー, 2001)である.
(11) 時に,「男性優位社会」を認める発言を男性の側から発話されることがある.しかし,だからといって,その男性が身にまとっている構造的,歴史的な非対等性を克服できたと考えるならばそれは間違いであろう.同様の意味で,私はウチナンチュにはなれない.しかし,「共生」を目指すことは可能だろう.
(12) 花崎前掲 pp.262-264「立つ瀬がない」を転用して「生きる瀬がない」とすることで,その「生きる瀬を分け合う」ことに花崎は共生をみる.
(13) 田中美津『いのちの女たちへ とり乱しウーマン・リブ論』パンドラ, 2001年
(14) バックラッシュの詳細は,次の文献を参照.論文としては,伊藤公雄「バックラッシュの構図」日本女性学会学会誌編集委員会編『女性学 Vol.11』新水社, 2004年, pp.8-19, 単行本としては, 日本女性学会ジェンダー研究会編『Q&A 男女共同参画/ジェンダー・フリーバッシング バックラッシュへの徹底反論』明石書店, 2006年, 上野千鶴子他『バックラッシュ! なぜジェンダーフリーは叩かれたのか?』双風舎, 2006年

(15) 小熊英二・上野陽子『〈癒し〉のナショナリズム』慶應義塾大学出版会，2003年
(16) レオン・フェスティンガー＝末永俊郎『認知的不協和の理論』誠心書房，1965年
(17) 作田啓一『生成の社会学をめざして―価値観と性格』有斐閣，1993年
(18) ジェーン・マーティン＆バーバラ・ヒューストン「ジェンダーを考える」『バックラッシュ！』双風舎，2006年，pp.200-240
(19) この対談では，「ジェンダー・フリー」とは「ジェンダーに全く注意を払わない」という意味で使われている．
(20) 東京都写真美術館，朝日新聞社『ジェンダー 記憶の淵から』図録 東京都写真美術館，1996年

第5章 ある女性保育士のライフヒストリー─「ジェンダー・フリー保育」にみる実践の困難─

はじめに─人生の歩みをふりかえって

　保護者，保育者（保育士・幼稚園教諭），教師たちにインタビュー調査をしているなかで，女性保育士の輝元さん（仮名）が語った心境は，今でも忘れられない．彼女は，「らしさ」にとらわれない保育をめざして，ジェンダーにとらわれない「ジェンダー・フリー保育」を実践していた．その彼女が，自分の心境をこんな風に語ったことがある．

> たくさんの人にも喜んでもらったっていう経験も他の人よりも多いと思うから，それが支えで，「ここで終わりにしてもええかな．」っていう気持ちはあるんですよ．辞めようって思うのは，やっぱり，むちゃむちゃに傷ついてボロ雑巾のようになっちゃって，もう自尊心も何もなくなって辞めるよりか，いかに自尊心を傷つけないように退くかっていうことに今テーマを置いてるわけ．でも，逃げてばっかりの人生なんかなぁ，っていう反省がすごくあって．今，すごい暗い気持ちなんだけど…．

「辞めるか辞めないか」という，ただそれだけの迷いではないようだ．「このまま自尊心を維持するか，ボロ雑巾のようになるか」という非常に厳しい心境になっている様子がひしひしと伝わってく

る.保育という場面で,「ジェンダー・フリー保育」という実践が行なわれ,いったいどんなことが起こったのか,みなさんは想像できるだろうか.

この章では,ある女性保育士へのインタビューをもとに,「これほどまでに追い詰められたのは,どんな経緯があるのか」との観点で,彼女の人生の物語を読者のみなさんと一緒にたどってみたい.まずは,「ジェンダー」という視点について考えることから話を始め,そのうえで,彼女の物語へと話を進めていこう.

1 「ジェンダー」という視点の意義

(1) なんだかわからない「ジェンダー・フリー」

「ジェンダー・フリー」という視点は,わが国でもすでに行政上の重要な課題になっている.施策の具体的な展開は違うけれど,内閣府,厚生労働省,文部科学省などの官庁で「ジェンダー・フリー」という視点で施策が実施され,その継続を含めて検討されている.本章で登場する保育という場面も,こうした施策のなかに位置づけられていて,「子育て支援事業」などの形で社会のニーズに応えることが望まれている.しかし,この「ジェンダー・フリー」という言葉は,誤解を生じやすい.

まず,「フリー」という言葉がわかりにくい.「フリー・ペーパー」なら「無料の〜」という意味に,「ハンズ・フリー」なら「〜を使わない」という意味に,「フリー・スタイル」なら「自由な〜」という意味になる.「ジェンダー・フリー」といった場合に,どの意味で使われているのか,どこかで定義をみないかぎりはわからない.また,「ジェンダー」という言葉もわかりにくい.「ジェンダー」と

いうのは，もともと，欧米の言語にある「男性イメージ／女性イメージ」のことである．たとえば，英語では，moon（月）やship（船）は「女性イメージ」の言葉だとされている．こうした「男性イメージ／女性イメージ」は，人間にもあてはまるので，「男らしさ／女らしさ」を「ジェンダー」と表現したりもする．

こうしたわかりにくい言葉を2つ合成しているのだから，「ジェンダー・フリー」という言葉は余計にわかりにくい．「ジェンダー・フリー」と聞いて，「男らしさ／女らしさ」が「要らない」という意味にとれば，「男らしさ／女らしさ」を「当たり前だ」と思っている人たちから「そんなこと，できるものか！」と反発が出るのも無理はない．それに，大脳生理学などでは，「男らしさ／女らしさ」が生理学的に決定されているとの見解もあって，学問的に反論する根拠もたくさんあるから，反発は激しいものがある．

以上のように考えると，「ジェンダー・フリー」という考えをめぐっては，現在，錯綜としているといわざるを得ない．一方では，「ジェンダー」という視点でこの社会を変革していこうという主張もあるけれど，もう一方では，「ジェンダー」という用語そのものを使うべきではないという主張もある．では，そもそも「ジェンダー」とは，何だろうか？　本論に入る前に，少し寄り道をして，ここではまず，「ジェンダー」という概念の意味を「男女の関係のあり方」というくらいに暫定的に考えて，その視点の意味や意義を考えてみよう．

(2) 分析概念としての「ジェンダー」

私たちは，「日本はかなり発展した」と考えることがある．たとえば，「女性の高学歴化」という現象があって，日本の発展の指標になったりする．これを統計から確認しよう．グラフは，文部科学

省の統計「大学(学部)への進学率」をもとに作成したもので,進学率は,グラフ上の初年(1950年)から一定した伸びをみせている.高校生が卒業し大学(学部)に進学している率が高くなっているという意味で,たしかに「高学歴化」している.ところが,これを「男女に分ける(分析する)」という作業を加えると,男性に比べて女性の方が一貫して進学率が下回っている.進学率が男女でこんなにも違うとは,と驚く人もいるのではないだろうか(ちなみに,1975年で28%になったのをピークに,その差は減少傾向にあるが,2000年以降も10%以上である).

全体としては「高学歴化」が進展しているけれど,男性と比較をすれば,女性にはそれほど「急激な高学歴化」がみられない.実は,「女性の高学歴化」は,「今は,昔と比べて高学歴化が進んでいる」というように,2つの時点を比べた場合の表現なのである(参考までに,「男性の高学歴化」と違って,「女性の高学歴化」は,短期大学への進学も多く含まれているため,4年制大学への進学だけに限れば,

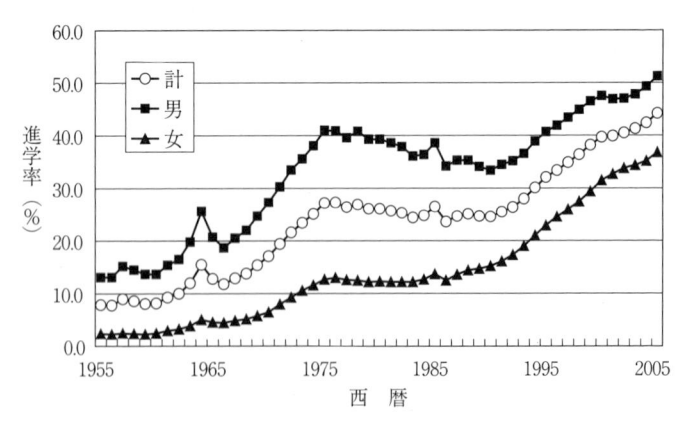

図 5-1 大学(学部)への進学率

男性の方がより高学歴化してきたといえる).私たちは,長い歴史のなかにあって,また自分の人生のなかで,この社会のあり方を「当然」だと思っているところがある.でも,漠然と,「高学歴化が進んだ」と思っても,それは全体のイメージにすぎない.「男女に分ける(分析する)」という作業をしてみると,高学歴化に「男女差」があることに気づかされる.このように,「全体としての特徴」ではなく,「男女別に分けた特徴」がみえてくる.これが「ジェンダー」概念による社会分析の意義の一つなのである.

では,「この男女差をどのようにとらえるか」と問いかけてみよう.その答えは簡単に出るものではない.「男女で一貫して差がある」というように,男女差の一貫性を強調することもできるし,「男女で不均衡に進展してきた」というように,男女差の不当性を強調することもできる.「男女差」を,「当然」だと考えるのか「問題」だと考えるのか,「不変」と考えるのか「可変」と考えるのか.どちらの考え方に立つかをめぐって,賛否両論がある.

(3) 構成論としての「ジェンダー」

こうした賛否両論があることを前提にして話を進めるにしても,「すべてが生まれながらに決まるわけではない」ともいえるし,「すべてが生まれた後に決まるわけではない」ともいえるので,どう考えればいいか,余計にわからなくなる.

そうした状況では,概念の整理が求められる.ここまでの話で漠然と使っていた「男女」には,大きく分けると「セックス」と「ジェンダー」の2つのレベルがある.「セックス」は生まれながらに備わっている生物学的性をさし,「ジェンダー」は生育過程で形成される社会的性をさす.生まれた時の「オス／メス」のレベルは「セッ

クス」, 生まれた後の「男らしさ／女らしさ」は「ジェンダー」という具合に区別するのである.

冒頭で指摘しておいた「ジェンダー」という概念は, 基本的には, この「生育過程で形成される社会的性」をさしている. 人がこの世に生れ落ちたその時から女／男となる道のりは始まっている. 周囲のおとなは, 声のトーン, かける言葉, 与える玩具, 着せる洋服など, 子どもの性別（セックス）によって微妙に違う関わりをする. こういった子どもの性別を前提にした〈関わりの日々の積み重ね〉が, 子どもが生きていく際の性差（ジェンダー）を形成していくのである. その過程に, 家庭でのしつけ・教育も, 保育所や幼稚園などの保育も, さらには小学校以降の学校教育も, 深く関わっている.

このように,「ジェンダー」という視点をとることによって, 全体のイメージに過ぎなかった世界が「男女間で差がある」ことに気づかされるし, また, 生まれながらに決定される側面だけでなく「生育過程で形成される」側面を浮かび上がらせてくれる.「男と女は生まれながらに違う」という主張をよく耳にするが, これは, 男女差の一貫性を強調する場合には都合がいい. でも,「男と女に差がある」という事実と,「男と女の差は生まれながらのもの」という理由とは, 分けて考えなければならない（だからといって, 生まれながらに決定される要素があることを否定できるだけの根拠はどこにもないが…）.

2 「ジェンダー・フリー」概念の基本的意味

(1)「ジェンダー・フリー教育」の広がり

「性」が必ずしも「生まれながらのもの」ではなく「作られてい

くもの」だと気づけば，ジェンダー形成と社会諸制度との関連性の地平がみえてくる．社会にあるいろんな制度が，ジェンダー形成の担い手なのである．では，ジェンダー形成と「教育制度」との関連性は，どのように考えることができるのだろうか．

　ここで，まず「ジェンダー・フリー教育」についてふれておこう．「ジェンダー・フリー教育」は，かつて「男女平等教育」と呼ばれていたものを基礎とし，既存のジェンダーのあり方を問い直す試みだが，「男女平等教育」から「ジェンダー・フリー教育」への転換は単なる名称の変化を指すものではない．従来の「男女平等教育」の多くは，男女の違いは「自然」に基づく男女の特性であるという前提をどこかで残しつつ男女平等を目指す，という実践であった．しかし，「ジェンダー」概念が導入されると，男女の違いは社会的・文化的につくられたものとして自覚的にとらえられ，「男女特性論」をも問い直してきた．ジェンダーにとらわれない生き方を模索する実践なのである．

　「ジェンダー・フリー教育」は，教育課程や教育内容，教師たちの認識や学校の組織，学校を取り巻く社会の仕組みを，ジェンダーという視点からながめる．すると，男女平等であると思われる教育の場面であっても，男女の固定的な「観念」や「役割」があることがわかる．たとえば，メディアのイメージ，法制度上の制約，期待される「男／女らしさ」，学校の指導の過程，セクシュアリティなど．もちろん，地域や学校や教師の間で「温度差」があるが，家庭科の男女別学，性教育の純潔教育などの再考から始まった実践は，男女混合名簿や男女別入試，さらにはセクシュアル・ハラスメントの問題へと広がった．

(2)「ジェンダー・フリー保育」の意義

 こうした「ジェンダー・フリー教育」の高まりから,「ジェンダー・フリー保育」も生まれた.そもそも,子どもとの関わりは,子どものアイデンティティ形成に深く関わりをもち,その結果として,子どもの人生のいくらかが左右される.たとえば,ある保育者が「女の子はこっち.男の子はこっち.」と子どもたちを整列をさせたとする.このことは,子どもたちが「整列をするときは性別が基準になる」というぐあいに,性別をアイデンティティに組み込んでいくことにつながる.アイデンティティへの影響ばかりではない.保育者は,意図的にも結果的にも,子どもたちに社会的役割を学習させたり,子どもの社会的機会を制約したりする.結果として,人生の選択に貢献することさえある.保育の過程は,個々の子どもがこの社会にふさわしい成員になって行く過程(社会化)でもあり,また,今までの社会のあり方を維持ないし強化する過程(再生産)でもある.

 「教育制度」は,人びとを社会に送り出していく制度であり,ジェンダーとも深く結びついている.保育の場面においても,じっくり観察すると,保育者のかける言葉,子どもたちの遊び,教室の壁にある造形物,子どもたちの使う道具など,保育者と子どもの関わる環境には,既存のジェンダー秩序の維持や存続に貢献する契機がたくさんある.子どもとの関わりは,単なる個人的な行為ではなく,極めて社会的な行為なのだ.ジェンダーの維持や存続の過程を問い直すこと,これが「ジェンダー・フリー保育」の意義である.

(3) 対象者の姿:「ジェンダー・フリー」をめざす「異端児」

 こうした「ジェンダー・フリー保育」は,実際の保育の場面で,

第5章　ある女性保育士のライフヒストリー　133

どのような展開になるのだろうか．ここでは，一つの事例に焦点をあてて，なるべくじっくり経緯をたどってみたい．というのも，冒頭でも指摘したように，ある女性保育士の置かれた厳しい状況を紐解くには，彼女の人生を追いかけていく必要があるからだ．

　対象者はK県A市の女性保育士の輝元さん（仮名）．調査方法は，事前に厳密に質問項目を用意しないで，インタビューの過程で対象者と応答的に構造化する「半構造化面接」という方法をとった．調査を行った時点で，輝元さんは勤続30年で，50代後半のベテラン保育士だった(1)．

　そのベテラン保育士が，冒頭で引用したように，「このまま自尊心を維持するか，ボロ雑巾のようになるか」という非常に厳しい心境になっている．今なお「女性の職場」（女性が多く働いている職場）である保育所にあって，彼女がどのような困難に直面していたのか．まずは，輝元さんが抱いてきた葛藤に耳を傾けよう．

　　視線を当てるのは子どもと，その背後にいる大人っていうか，おじいちゃんおばあちゃん，両親．やっぱり喜んでもらえる人もたくさんいたから．特に，障害とか，ハンディをもっている子どもとか，親御さんには，喜んでもらえた．

　輝元さんの実践は，子どもたちや保護者の一部には支持されており，それが彼女の財産になっている．また，一部の保育士たちが，対象者のなげかけに対して，しばらく時を置いてからその重要性に気づくことがあり，これが彼女のわずかな支えになっている．

　　そのときは「何を言ってるんだろう？」って思ってると思うけど．やがてその人たちが，今，中堅の保育士さんになっていると思うんだけれども，「あのとき輝元（対象者）が言ってたことは，こういう

ことなんかなあ.」っていうふうに気づいてくれて.

しかし, 多くの場合, 彼女の実践は阻まれてしまう.「ジェンダーにとらわれない生き方を子ども達に!」との呼びかけは, 同僚の耳には届かない.

> たいていの価値観がそういう中で流されちゃってるなかに身をおいてて, そんなことを言い続けるっていうことは, ものすごいしんどいんよ.(中略)精神的にも, 肉体的にも, 最近は限界なんよねぇ.

このように, 一部の人たちからの支持はあるものの, 同僚との関係ではなかなかうまくいかないことも多く, 希望と失望のはざまで抱える葛藤はすさまじいものがある. 次節では, 彼女の回想に沿って,「どのようにして追い込まれていったのか」を考えてみたい.

3 実践化するに至った経緯——生育・気づき・実践化

(1) 幼少期の「居場所のない生活」

対象者自身が語るように, 彼女の実践の背景や置かれている状況を理解するには, 彼女の幼少期の生活状況を知る必要がある.

母は姉の父の家に嫁入りしたが, その父は戦死. その後, 対象者の父がその家の婿養子になる. 母は仕事をしているため家にいないことが多く, 戦争から帰った父は稼ぎがないために肩身が狭く, 家を出て行った. 彼女は義理の祖父母に育てられ,「居場所がなかった.」という. この「居場所のない生活」のなかで, やがて行なう保育実践の基盤となる考え方を形成した. この幼少期を振り返るとき, 象徴的に思い起こされるのが「夕べの薪の香り」である.

夕べの薪の香り？　夕べに薪をたく香りが，私にとっては一番切なかった．夕べの薪の香りを今私嗅いだだけでも涙が出てくると思うんだ．だから，それほど不幸だった．子どもが外で遊ぶ，「カラスが鳴くからか〜えろう」っていう場面に，みんな集まって遊んでても，夕べにそれぞれ薪を焚く香りがすると，お風呂を焚くとかご飯を炊くとか汁物作るとかっていう薪の香りがすると，みんな三々五々家に帰っちゃう．でも，私には，帰る場所っていうか，安穏とする場所がなかった．

　自分の家庭の風景を「不幸だった．恵まれてなかった」と表現する．彼女は，家庭では「大人のしがらみのなかで自分を抑えることしかできなかった．この現実から逃れたいって思いから，小説の世界にのめりこんだ」という．後述するように，対象者は，この幼少期の体験から，今日の教育実践につながる問題意識を形成していったのである．

(2)「ジェンダー」と「フリー」の関係

　彼女は「居場所のない生活」のなかで，いつしか「何ものからも自由でありたい」と思うようになった，という．これが「フリー」への志向の原点である．

「男らしさ」とか「女らしさ」とか，そういう「らしさ」って一体何なんだろうって思っていて．「らしさ」から子どもを解き放してあげたいっていうのが，私の素朴な願いなんです．…私は子どもをすべての「らしさ」から解放させてあげたいし，その子がその子らしく生きる道をたくさんの選択肢のなかから選ばせてあげたいし．

「何ものからも自由でありたいとかっていう欲求が，後にジェンダー・フリーにつながった」というのである．また，「ジェンダー」

の視点から教育実践をするきっかけは，夕方になると子どもを迎えにくるある母親の姿だった．

> 研究だつきあいだなんだかんだって言って，父親はそれこそ深夜に帰ってくるのに．ミコちゃんのお母さんは，手術した患者さんのケアのために 10 分 15 分遅れるために，私たちに気を遣いながら自転車を飛ばしてくる．この現実はなんだろう，って．

「そのとき始めて，ピンと思って気づかされて．そのことから，このことはおかしいって思うようになって．やがて『ジェンダー・フリー保育』に至ったって思える．」というように，日々の実践のなかでの疑問からジェンダー問題に気づき，これが今日の実践化の原点となったことがわかる．

(3)「性別カテゴリー」ではみえない現実

対象者のみつめる子どもの実像は，「男の子らしさ」や「女の子らしさ」ではくくりきれないようだ．対象者は，ジェンダー化され尽くしていない子どもの生き様に注目する．

> 男の子の中にも，ず～っとずっとままごと遊びする子がいて．女の子の中にも，すごくやんちゃで，動くことが大好きで，動いていれば幸せだっていう子がいて．

子どもたちの好みや意欲を「男女別のらしさ」にとらわれず，「混沌として，その子が自ら選ぶ方法はないか」と思っている．この基本的な構えは，具体的な実践へと広がっている．色分け，年中行事，整列指導，遊び，役割分担，作業など，「男女別」「男子優先」であったものを「男女混合」「男女交互」にしていく．

また，同僚との関係をみてみても，女性しかいないこの現場で，

その考え方はけっして一枚岩ではない．「ジェンダー・フリー」を志向する彼女と周囲の同僚とは意見が合わず，彼女は「異端児」とみなされている．

> それこそ「異端児」って言われてて．だけどね，言うのやめたら，私は「終わっちゃう」と思うんですよ．やっぱり，その人の意識のどこかにあると思うんですよ．残ってると思うんですよ．「なんか言いよったなあ」って．だから言い続けようって．

このように，この園にいる子どもたちの姿，対象者自身の実践の視点，そして同じ女性のなかでの対立，どれ一つをとっても「男女の二分法」を前提とすることはできない．「男か女か」という図式は，複雑な現実の世界を単純化する実践 (practice) なのである．

4 実践化を阻む現場の論理—原理・同僚・施策

(1) 保育現場におけるジェンダーへの社会化

では，他の保育士たちは，どのような実践をしているのだろうか．輝元さんによると，男女別の指導がさまざまな場面で見受けられるという．

> 「はい女の子，はい男の子」って言ってるし，「男の子だから泣かないで」「男の子でしょ」とか，「女の子には人形遊び，男の子にはブロック遊び」とか，日常的にもフルに使われていると思うんですよ．大人は，もうそう思っちゃってるから，何の疑問もなく与えちゃってるから，なぜかそうなっちゃうっていう現象が園にあると思うんだ．

子どもたちへ声をかける場合も，泣かないでと指導する場合も，

子どもたちの遊びの指導の場合も,「男女別」が日常的に行なわれている. また, 子どもたちを統制する方法の一つである整列指導でも,「男女別」が見受けられる.

> 今一番気になっているのは,「男の子並び」「女の子並び」っていうのが, 保育の中で「男の子〜, 女の子〜」っていう並ばせ方があるんですよ. それをやめてほしいと思ってるんですよ. でもね, それをすると, すごく便利なんですよ. 4・5歳の保育では, 必ず「男の子並び」「女の子並び」っていうのが必ず出てくるんですよ.

先行研究でも指摘されているように, この園でもジェンダーは指導や統制の原理であることがわかる. 同僚たちは,「便利だから」「当たり前」といってジェンダーに疑いの余地をはさむことなく, ジェンダー秩序の維持ないしは強化に貢献しているのである.

(2) 保育現場のジェンダー化された論理

周囲の同僚たちはジェンダーを当たり前だと考えているために, 個々の提案にことごとく反対する. これだけではない. 現場には「ジェンダー・フリー」の実践を阻むさまざまな論理がある.「発達」という論理には「男女の成長」という論理が組み込まれていて,「しつけ」という論理がさらにこれを強化している. 園長にいたっては, 輝元さんの実践を「屁理屈でしかない」と叱責したりもする.

> 「あんた, 屁理屈みたいなこと言わんと!」とかって, なっちゃうんですよ. 主任になったりすると. で, 子どもが怪我しないようにとか, 他の保育士さんを指導するとか, 庭を掃除したりとか, 遊具を整理したり, そういう時間に費やしたりしないといけない. だから, 私の言ってることは「屁理屈でしかない.」ってところがあって.

総じて,「ジェンダー・フリー」の提案は「好きか嫌いか」という「個人的な好みの問題」として片付けられる.施策の議論も,研究の知見も,この現場には届いていない.

> 私は,やっぱりあの,「好きか嫌いか」の人生だって軽んじられるけれども.私も自己嫌悪に陥るところがあるんですよ,このことで.私の人生は,「好きか嫌いか」の人生で片付けられるのかぁって思って,すご〜く,自己嫌悪に最近陥ってたんですけど.だから,今,あたし仕事ずっと続けてて,もう悶々としてて,「好きか嫌いか」の人生でもう終わっちゃうのか,っていうふうに思ってて.

伝えたいことはすぐに伝わらない.多くの場合,さまざまな現場の論理が実践を阻んでしまう.この論理は,「ジェンダーに賛成」などという明示的で端的な論理ではなく,保育現場の原理や対人関係に根づいているため,実践のなかで対抗できないほど強固である.

(3) 子育て支援事業で再燃した「母性神話」

保育所で行なわれている「子育て支援」は,そもそも「保育に欠ける」(何らかの理由で子どもを養育できない)親への支援である.輝元さんは,子育ての支援をすることに賛同し,また同僚へのなげかけをしてきた.

> 美容院行くことで,ちょっときれいな自分になって,髪振り乱して子育てをする自分からちょっと離れて,子どもを預けられたことで,お母さんたちがちょっと楽になって.子どもに一言か二言優しい言葉をかけてあげられることで,子どもがどんなに幸せになれるかってことに気づいて!「土曜日の保育も気持ちよく受け入れていこうよ.」っていうふうに私は,10年位前から若い保育士さんたちに言ってた.

ところが,同僚たちは彼女の投げかけに耳を傾けるわけではない.たとえば,お父さんたちに絵本の読み聞かせしてもらおうと提案しても,同僚たちは「なんでそんなことを言うん?」「子育てはお母さんじゃろ?」と言って反対する.ここに見られる「母性神話」は母親たちの支援を阻む論理にもなっている.

> 保育士たちがどう考えているかっていうと,「プー太郎の子どもは保育所に来るな.」っていう発想になってるんよ.だから「土曜保育」だって,働いてないお母さんの土曜保育の午後の昼寝は,もうすっごい保母さんたちは嫌がってるんよ.嫌がってるっていうか,「なんで仕事しないのにつれてくるわけ?土曜日に昼寝させるわけ?」って

彼女が指摘するように,従来の「母性神話」が「子育て支援事業」の文脈で再燃している.対象者の同僚たちは,「母親が面倒をみるもの」「預けられるのは可愛そう」と事業には及び腰である.さらに,こうした保育士たちの抵抗に加えて,施策そのものの展開が結果として彼女の実践を阻むものとなっている.

> もっと保育所への入所の理由がきつくなったんですよ.働いてるっていうことが前面に出されて.家におじいちゃんおばあちゃんが同居してるとダメだとか,その人たちの就労届もいるとか.なんか,就労が前面に出されたことで,保育の入所の措置がすごくきつくなってシビアになって.「働いているお母さんのための保育所」ってなってる.反対に,保育所に入りづらくなっている現状があるんですよ.

「らしさ」からの解放をめざした彼女の実践は,現場のさまざまな論理を問い直す作業になるため,さまざまな場面で葛藤を生む.保育現場の論理は,やがて,彼女がコントロールできにくいまでにアイデンティティを圧迫していくのである.

5 ライフヒストリーからみえた世界

(1) ライフヒストリーのながめ方

　生活史法とは,個人が経験する客観的な制度と主観的な体験の相互作用の過程を個人の側から記述し分析する方法であり,その特性は3つあるとされる(Plummer, K., 1983).①時間的パースペクティブを内蔵しているので,対象を過程として把握することが可能であること.②全体関連的な対象把握を志向すること.③主観的現実に深く入り込み,内面からの意味把握が可能であること.生活史法は,社会と個人の変容の過程を捉えることができるため,教育研究においても有効であるとされ,教師の「キャリア」研究という形で重要な知見を生み出してきた(Goodson, 1988).

　ベッカーをはじめとする欧米の生活史法を用いた研究をレビューし,分析視点としての「キャリア」概念を検討した今津孝次郎(1987)によれば,キャリアとは「(客観的には,一連の職位と明確に決められた職務のことであるが)主観的には,変化し続けるパースペクティブ」のことである.人びとは,そのパースペクティブのなかで,自分の人生を振りかえり,日々の出来事の意味を解釈する.これと同様の指摘は,同じく生活史法による研究をレビューしたデンジンの論考にもみられる.すなわち,「人々の人生に強い影響を与える相互作用的契機は,その個人の変容経験を創出する潜在性をもっている」(Denzin, 1989)というものである.

　キャリアを形成する過程で,人はある「重大な転機」を経験する.その結果,人はパースペクティブの変容をせまられたり,さらには新たなキャリアの方向性を模索し始める.ここで注目したいのは,両者に共通する「葛藤」についての指摘である.「重大な転機」

は，その過程にある当人にとっては葛藤として経験されている，ということである．本論では，この「葛藤」に注目して，その背景となる現場の論理を明らかにしていく．

教育実践の過程は，多くの問題を抱えるより複雑で多様なものであるだけに，教師はさまざまな葛藤を抱え込む．ジェンダー研究において，対象者の意味構成を析出するにあたり，この「葛藤」に焦点を当てた生活史法が改めて注目されている (Goodson & Sikes, 2001)．

欧米では，参与観察による民族誌法が日本で注目された同時期から，「ジェンダーと教育」研究においても，この生活史法が導入されており多くの知見を蓄積している．たとえば，ミドルトン (Middleton, 1993) の研究の場合，対象者はニュージーランド在住の「パケハ」や「マオリ」である．「パケハ」の女性が優等生でありながらも女性としてクーリングアウトにさらされ，また「マオリ」の女性が非白人であるために性別と人種という二重の差別を受ける．だが，この経験を通して性差別の深刻さとフェミニズムへの理解を深めていく．一方マンロー (Munro, 1998) の研究の場合，対象者は教職についた当初は，教育やフェミニズムにそれほど積極的ではない．しかし，教師たちは「女性らしさ」の規範に反しているために，性差別を経験する．ある教師は結婚をせず男性のように振る舞い，ある教師は結婚はするが子どもを持たず，またある教師は結婚をせずに子どもをもうけるというケースがある．こうした語りから，教師たちは，アイデンティティを模索しながら，既存のジェンダー秩序に問題意識をもつ．この契機がさまざまな葛藤なのである．

ジェンダー秩序の告発や変革を実践しようとするとき，教師たちは自己や関係の葛藤や変容という「重大な転機」に直面しながらも，

その転機からジェンダーと教育実践に関連するさまざまな問題に気づいていくのである.

本章で, 対象者の語りをもとに,「ボロ雑巾になる前に辞めたい」と思うに至った対象者が抱える葛藤に注目して, 幼少期から実践化に行き着くまでの経緯, また彼女の葛藤の背景となった保育現場の論理を明らかにしてきた. 本節では, 対象者の語りから得られた示唆を確認し, 若干の考察を加えておきたい.

(2)「自明視する実践者」の再考と「女性の現場批判」の困難

対象者の抱える葛藤を思い出してもらいたい. 周囲の人たちがジェンダーを当然のこととして考えるなか, それに異議を申し立てることで,「精神的にも, 肉体的にも, 限界が来ている」という言葉を重く受け止めたい.

生育過程ではそれほど自覚的ではなかった問題意識も, 実践に関わることでジェンダーについて問題意識を強くした彼女. ジェンダーを当然だと思い, 彼女の実践を疑問視していたが, 後にアドバイスの意味に気づくことになった同僚. 対象者の語りからみえてきたのは, こうした「問題意識の変化」である. いくつかの出来事をきっかけに, それまでは自明だった世界が別の現実として立ち現れる. この出来事が後の人生にとっての「重大な転機」なのであり, その後の葛藤に注目する意義は大きい.

既存のジェンダー秩序を問題とする論者は, 問題の所在を教育や保育のエージェントに求める. 教育や保育に携わる者が「男の子」「女の子」といった性別カテゴリーを何の躊躇もせずに使うことで, 性別が子どもたちのリアリティあるいはパーソナリティの構成要素となる. 仮に, セクシズムに対して批判的な考えをもつ者であって

も，実際の教授行為や学校運営の場面では，むしろセクシズムに加担してしまう．これが先行研究の論調にみられるのである．しかし，本章で明らかになったライフヒストリーは，この「ジェンダーを自明視する者」という論調で集約できるものではない．批判を先鋭化することと引き換えに現実を矮小化するのではなく，「現実を眺めることに徹する」というスタンスこそ重要である．

単純な再生産論をベースにした場合，行為者は既存の秩序を自明視していると想定され，日常生活を何の葛藤もなく送る姿が描かれる．確かに，さまざまな技法を自明視しなければ日常生活を送ることはできないが，これはどのような者にも当てはまるわけではない．既存の秩序に疑問を抱く対象者は，ジェンダーを自明視していない．そればかりか，他者からの抵抗を受けたり，葛藤を抱え込まざるを得ない．「現実を眺めることに徹する」ならば，実践にとっても研究にとっても，この葛藤に注目することは示唆に富んでいる．

ただし，ジェンダーを当たり前だとする現場で，異議を申し立てることは厳しい作業となる．実践は常に困難と隣り合わせだが，その困難に直面した際に保育者は疑問や葛藤を感じる．周囲の人びとが既存の秩序を自明視する保育現場で，彼女は次第に周縁化されてしまった．それほど，異議を申し立てることは困難な作業であることを，改めて覚悟したい．また，問題意識をもつには長い時間がかかることも忘れてはならない．私たちのジェンダー形成は生れ落ちたときから始まっているだけに，自明となりやすく対象化されにくい．今では「ジェンダー・フリー」を志向する者も，かつて問題意識をもつ何かのきっかけがあったはずである．周囲の者たちがジェンダー問題を理解する過程を大事にしてほしいものである．

実践者は必ずしも既存の秩序を自明視していないが，だからと

いって理解を得ることもむずかしい．だからこそ葛藤を抱えている．ただし，この葛藤は，実践者たちが勝手に抱えるものではない．ジェンダー論に話を戻して，現場に生じる混乱を紐解いてみよう．

(3)「ジェンダー・フリー」の混乱を紐解く

「ジェンダー・フリー」の出発点は，「全体としてイメージされていたものには，実は，男女差がある」ととらえることができ，「男女差は，必ずしも生まれながらに決定されるのではなく，社会的につくられる」という認識である．本項では，この基本的な認識に含まれている「性差」（男女の違い）と「形成」（つくられる）について，対象者の語りを参考に重要な知見を確認し，研究上の論争を参考に実践上の混乱を紐解く作業をしたい．

◆「ジェンダー」の分析論と形成論の死角

まず，「性差」については，「男女の二分法」に集約されるものではないことがわかる．対象者の語りから確認できたことは，対象者自身の実践の目標や内容はもちろん，子ども自身が生きているあり様も，現場の女性保育士たちの考えも，男女の二分法を前提とすることはできない．子どもたちは，必ずしも「男の子らしさ」「女の子らしさ」に二分できず，保育士たちも同じ女性でありながらジェンダーへの賛否がある．確かに，「男集団／女集団」という分けかたをすれば男女の平均的な差異はあるだろう．しかし，「男女の二分法」に基づいて「性別間差異」を強調する視点は，結果として，性別内の多様性や性別間の共通性を捨象する．実践にしても，研究にしても，性差を考える際，男性内や女性内の多様性，男性と女性の間での共通性にも目を向けなくてはならないだろう．

また、「形成」については、「つくられる」ということだけを拠り所にはできないだろう。対象者の実践化の過程では、周囲の人たちがジェンダーに疑問を感じなかったり、同僚たちが論理のすり替えをして対象者を批判したり、保育実践の原理や神話があって実践化を阻んでいることがわかる。生まれたときからジェンダーを自明視する世界で生きてきたこと、またジェンダー形成が保育制度や教育制度の場を含めたさまざまな場面や関係で行なわれることには、多くの人にとって「重み」がある。確かに、ジェンダー批判の立場からすれば、「性差は社会的につくられる」という視点は、画期的な発想だ。しかし、これは「生まれながらに決定される」という視点に対抗する論理立てで、問題はその先にある。「形成」は、秩序を変化させることもあれば維持することもある。こうした「形成の両義性」があるからこそ、実践にはさまざまな価値の対立や葛藤が待ち構えている。

◆「ジェンダー」の分析論と形成論の交錯

ここまでの議論で、「ジェンダーとは、性別間の差異だけでなく、性別内の多様性や性別間の共通性も含まれる。また、生まれながらに決定されるのではなく、社会的につくられるものだが、そこには価値の対立や葛藤がある」という地点まで辿り着いた。しかし、ここまでの議論は「性差」と「形成」という2つのテーマを別々のものとして扱っているため、実践の過程での混乱をとりあえず脇においた原理的な議論になっている。

「実践上の混乱」は、「ジェンダー」概念が実践に持ち込まれたときには、研究上、必ずしも十分に議論されていなかった論点である。しかし、「ジェンダー」概念が現場に導入された後、実践現場

と同じく，ジェンダー研究の内部にもいくつかの対立する論点があり，論争が行なわれてきた．ここでは，「本質主義」(essentialism)と「構成主義」(constructionism)との間での論争と，「最大化主義」(maximalism)と「最小化主義」(minimalism)との間での論争を参考にしよう．[2]

「本質主義」と「構成主義」との論争は，「男／女」の差異をどこに求めるのかをめぐる論争で，前者は「性差は本質的である」とする立場であり，後者は「性差は構成的である」とする立場だ．「最大化主義」と「最小化主義」との論争は，「男／女」の差異を強調するかどうかをめぐる論争で，前者は「男と女は異質である」とする立場であり，後者は「男も女も異質である」とする立場である．これらの論争の軸を交差させてできる4つの主張を図式化すると，以下のようになる．

問題は，ジェンダーについての立場が4つありうるというだけではない．実践化には，根拠（原理）と展望（方向性）があり，これを

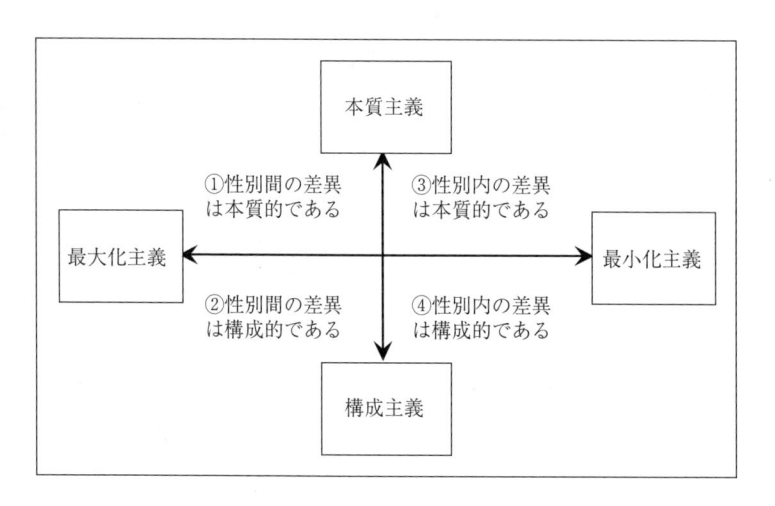

```
                    本質主義
                      ↑
   ①性別間の差異        ③性別内の差異
   は本質的である       は本質的である

最大化主義 ←――――――――――→ 最小化主義

   ②性別間の差異        ④性別内の差異
   は構成的である       は構成的である
                      ↓
                    構成主義
```

組み入れるとさまざまな組み合わせが可能である．仮にジェンダーに批判的な立場に限定して，②の立場を出発点としても，その先は，②→②の経路，②→①の経路，②→③の経路，②→④の経路という4つの選択肢がありうる．たとえば「女は男に従属させられている」ということを本質と考えるなら，「男女は生まれながらに違う」という主張と同じく，「男女の二分法」を前提する立場へと回帰する．たとえば「個性があるからジェンダーからフリーに」ということを本質と考えるなら，「男女は生まれながらに違う」という主張と同じく，「形成の両義性」を無視する立場へと回帰する．

　先の「性差」と「形成」の議論には，ジェンダーに批判的な立場であっても，内部の混乱が内包されていることに気づいて欲しい．対象者のライフヒストリーの一端からもわかるように，社会的構成には価値の対立や葛藤がある．だからこそ，合意の形成に至るというのは難しいことである．しかも，価値とは個人に還元できるものではなく，むしろ社会的構成の産物であることを忘れてはならない．価値は，広範な関係のなかで人びとの長い営みのなかで形成されるものなのである．

　近年「ジェンダー・バッシング」への批判を強める動きがあるが，その一方で，実践上の混乱を紐解く作業は十分に進んでいない．実践への「ジェンダー」概念の導入は，ジェンダー問題の社会的認識を深めるきっかけをつくったという意味では，研究（者）の果たした役割は過小評価できない．しかし，現場の論理が研究の社会的実践の帰結であることを考慮すれば，「ジェンダー・バッシング」を論駁するだけでなく，実践上の対立や葛藤に，もっと関心をもつことが望まれる．

注

(1) 実施時期は2002年5月と2002年8月で,実施時間はおよそ4時間と3時間.面接場所は,対象者の勤務地近くの喫茶店で,対象者の了解を得て,インタビュー内容をボイス・レコーダーに録音した.面接の後に,トランスクリプトの修正や確認を対象者の了解の下に行っている.分析に際しては,データから対象者の語りのテーマを生成する「データ生成型のテーマ分析」の方法をとった.本稿では,分析結果のうち,いくつかの項目に焦点を当てるものとする.なお,インタビュー調査の手順はKvale, S. (1996, pp.189-190),またテーマ分析の手順はBoyatziz, R.E. (1998, p.44) を参照のこと.

(2) 一つ目の論争については,ルービン (1984),加藤 (1998),土場 (1999) を参照.また2つ目の論争については,マクファンド (1983),上野 (1985),江原 (1986) を参照.

参考文献

Acker, S.(ed.), *Teachers, Gender & Careers*, The Falmer Press, 1989.

Ball, S., "The teaching nexus; a case of mixed ability", in Barton, L. & Walker, S.(eds.), *Schools, Teachers, & Teaching*, The Falmer Press, 1981, pp.159-175.

Boyatziz, R.E., *Transforming Qualitative Information*, Sage, 1998.

Coffey, A. & Delamont, S., *Feminism and the Classroom Teacher; Research, Praxis & Pedagogy*, Routledge Flamer, 2000.

Denzin, N. K., *Interpretive Interactionism*, Sage. 1989. (関西現象学的社会学研究会編訳『エピファニーの社会学』マグロウヒル出版, 1992年)

Garfinkel, H., "Studies of the routine grounds of everyday activities", in *Social Problems*, Vol.11, No.3., 1964, pp.225-250 (「日常活動の基盤—当たり前を見る」北澤 裕・西阪 仰訳『日常性の解剖学』マルジュ社, 1989年, pp.44-62)

グッドソン・サイクス(高井良健一・山田浩之・藤井 泰・白松 賢訳)『ライフヒストリーの教育学—実践から方法論まで』昭和堂, 2006年

Goodson, I., *The Making of Curriculum; Collected Essays*, Falmer, 1988.

天野正子・木村涼子『ジェンダーで学ぶ教育』世界思想社, 2003年

今津孝次郎「キャリアの概念」『名古屋大学教育学部紀要(教育科学)』第34巻, 1987年, pp.151-169)

伊藤公雄・牟田和恵編著『ジェンダーで学ぶ社会学』世界思想社, 1998年

片桐雅隆「シュッツ理論の構成(Ⅱ)—相互行為の多元性,対立,変動」『シュッツの社会学』第3章, いなほ書房, 1993年, pp.72-105

亀田温子・舘かおる編著『学校をジェンダー・フリーに』明石書店, 2000年

Kvale, S., *InterViews; An Introduction to Qualitative Research Interviewing*, Sage, 1996.

Measor, L. & Sikes, P., Gender and Schools, Cassell, 1992.

Middleton, S., *Educating Feminists: Life Histories and Pedagogy*, Teachers College Press, 1993.

森　繁男「性役割の学習としつけ行為」柴野昌山編『しつけの社会学』世界思想社，1989年，pp.155-169

Munro, P., *Subject to Fiction: Women Teachers' Life History Narratives and the Cultural Politics of Resistance*, Open University Press, 1998.

那須　壽「多元的現実論の構造と射程」江原由美子・山岸　健編著『現象学的社会学』三和書房，1985年，pp.108-131

Plummer, K., *Documents of Life: An Introduction to the Problems and Literature of a Humanistic Method*, George Allen & Unwin, 1983.（原田勝弘・川合隆男・下田平裕身監訳『生活記録の社会学―方法としての生活史研究案内』光生館，1991年）

Ropers-Huilman, B., *Feminist Teaching in Theory & Practice: Situating Power and Knowledge in Poststructural Classrooms*, Teachers College Press, 1998.

シュッツ，A.「多元的現実について」ナタンソン編／渡辺・那須・西原訳『社会的現実の問題［Ⅱ］』マルジュ社，1962 = 1985年

Stoll, C. S., *Female and Male: Socialization, Social roles, and Social Structure*, William. C. Brown, 1974.

第6章 「個」化社会と学校のなかの子ども──格差・危機・脱関係のなかで

はじめに

　まず,表題の意味を確認しておきたい.個化とは個別化や個人主義や個性(化)とは違う.いま,個とは何か,を問うことは難しい.その理由は,近代的自我が「個」を尊重し(合い),責任をシェアする主体と位置づけた相互承認に亀裂を読むからだ.

　今日の社会は近代社会が仕掛けた多層的,多元的システムの揺らぎのまっただなかにある.情報量がどんどん増える.個人は自らの経験に基礎を置いた判断作用を駆使することで,その情報を選択的に内部に統合する.

　ウェブとインターネットなどの道具知がどんどん進展していくなかで,個人に培われてきた筈の判断知や選択知,あるいは暗黙知などが注目されることのないままに情報が蕩尽されていく.しかし,情報を内部に統合することが可能なのは,情報処理の道具知によるものではないとここで確認しよう.

　花崎皋平は,3つの相の知のあいだの亀裂を指摘する.[1]一つは,情報をコード化したり,またコードから読み出したりする情報処理の技術的な知(道具知).もう一つは内容としての知.さらに,個人の身体や精神活動にむすびついていて,それから切り放してコード化しようとすると消えてしまう,知恵としての知(英知)である.

　これら三つの相の知のあいだに亀裂が生じている,と花崎皋平は

指摘する．道具知が他の二つの知を圧迫したり，優位を占めている知の情況を取り上げている．今日の情報化社会は，道具知優先の社会である．その特性として花崎皋平は次のように述べる．

「(道具知は) 遠心的に働こうとするから，個人的経験への意味の求心的統合作用は，次第に弱められ，経験の領域が空虚化しがちである．」⁽²⁾

小論では，上の指摘の経験の領域の空虚化に注目する．

通常，私たちの経験的実空間では，体性感覚や平衡感覚と，眼や耳で見聞きする空間の視聴覚情報とが一致している．この感覚モダリティ間に不一致が生じている．体性感覚や平衡感覚それ自体が弱化しているという指摘は現代の子どもたちの体力低下と符合している．体性感覚や平衡感覚の欠如が子どもたちの経験的世界にどんな変化をもたらしているのか．

また，場所感覚の喪失という言葉がある．メディアの発達によって，それまで棲み分けられてきた社会空間が融合（フュージョン）する．したがって誰でもどこでも情報を獲得できるようになる．その結果，場所感覚が喪失される．今日，取り上げられている子どもの居場所の問題と無関係ではないだろう．

要するに「個」化社会とは，道具知が他の人間のどんな知的営為よりも優先される（している）社会のことであり，経験への意味の求心的統合作用喪失社会のことである．

これを行為の次元で考えると，「テレオノミー的」な主体性，つまり「何のために」という問いに対する答えとしての在り方を喪失していく営みといえる．「何のために」と selection for の照準点が存立している限りは，テレオノミー的な主体性を生成子から「奪い」とって個体自体のものとして確立することがない．

この視点は，真木悠介の概念によるものだが，(3) ここでの関心事は，テレオノミー的な主体性を生成子から「誰が」「なぜ」奪うのかということである．その答えを小論のなかで示唆していきたい．

本題のもう一つのコンセプトについて解いておこう．それは「学校の中の子ども」である．従来，学校教育システムに「組み込まれる」子どもの姿を想定できる．義務教育のばあいには「組み込まれる」という表現は妥当かもしれない．しかし，今日では，学校選択制のもとでは，親や子どもが学校を選択するということから，必ずしも強い教育の論理とはいえなくなった(4)．

かつての学校という装置が学習指導要領と教科書を中心とした教育システムのもとで，すべての子どもや若者を教育しようとする「強い」学校観，教育観はもうすでに意味がない．学校選択制，フリースクール，不登校，ひきこもり，そしてフリーターにまつわる「物語」は，柔軟でかつ「弱い」学校観教育観につながっている．

子どもと共に学ぶ，子どもの学ぶ意欲を大切に，子どもが学びやすい学習環境の整備，などのスローガンは，従来の教育システムの硬直さを相対化するものである．子どもが学校システムに「組み込まれている」という学校観は，学校解体論や学校再生産論として一定程度の意味はあった．いやが応でも「外在的価値」（学校知）を内面化するよう強制するシステムそれ自体を変える．そのために脱中央システム作りを目指す教育特区，学校評議員制は，「強い教育観」を柔軟なものにできるという保障はまだない．

日本の教育は戦後一貫して，生徒の存在をきちんと認める教師を尊重してきた．しかし，今や人事考課制度の設置にみるように，指導力不足教員が問題になる．教師の力量形成が話題になる．免許更新制が取り上げられる．

こうして,学校のなかの子どもを論じるとき,抽象的な子ども論を論じることに余り意味を見い出し得ない.1980年代以降の教育改革の動向に子どもの成長や発達をいかに位置づけ,「ゆとり教育」と「学力重視」の矛盾に翻弄される現場の教師と子ども社会の現実を見据えていく.「学校の中の子ども」というテーマは,改革で子どもの学びは変わるのか,子ども社会に何らかの変容をもたらすのか,もし変容をもたらすならばそれはどういうものか,という疑問が込められている.

1 格差社会と二極化トレンド

格差は通常,価格,資格,等級の差を表わすが,教育格差というとき,何も学校教育だけを指していない.しつけ,私教育,社会教育,そしてさらには生涯教育や継続教育にいたるすべての教育事象において差異化が見られるという認識がある.

たとえば,筆者が,小学校の学級で児童を観察し,校長室で校長や副校長とある児童について話し合っているとき,必ず一つのことがらに行きつくのは,しつけである.しつけや社会化の研究はその内容やプロセスそして,エンドプロダクトの構造,機能が主であった.しかし,よく考えてみれば,しつけ担当者自身の「しつけ観」に格差があることはいうまでもない.戦後から一貫して「奉公」や「見習」といった伝統的しつけは力を消失してきた.むろん,敗戦による伝統的な価値体系の崩壊,経済・社会構造の変動,価値観の多様化など,社会変動の波が国民の生活の全領域にわたったことによる.

親の権威の喪失や家庭の規律の弛緩,それに過保護,過干渉,放

任, 虐待など,「しつけの不在」が叫ばれたが, しつけの仕方や流儀にかなりの「個」化状況が見られる. しつけの格差の例をあげよう. これは「個」化状況の一端を表したものだ.

 都内の某小学校での話. この小学校は, 都心にあり伝統的な学校である (周年行事130年を控えている). 卒業生は, 私立の有名中学に進学するため都内外の保護者の注目の的となっている学校である. ある近県から通わせる保護者は, さまざまな注文をする. 給食の食材がよくない. 子どもの偏食に気をつかって欲しいと. その親にとって, 子どもが学校の「知」的潮流に則って学校生活を送ることを望んでいるのである. 防犯の問題には, とくに気を使わなければならない状況がある. 防犯と地域特性は, 密接不可分である. しかし, この通学状況では, 防犯の効果がない.

 もう一つ. 学校選択対象校での話. 越境入学してくるので親は子どもの通学路に気を使う. 通常の通学路とは違う近道を通って行くように子どもは親に指示されている. その近道は, 病院の裏手で樹々が繁っていて, 防犯上の死角である. 校長は親に通常の通学路を使うよう指示するがいうことを聞かない.

 うえでみる事例はありふれた, 取るに足りないことだろう. しかし, 指導するがわからすればひとりの親の「声」は無視できない. この2つの例の親の階層はかなり高い. 学校選択制は, 特徴ある学校づくりの促進のために考えられた.

 また, 文部科学省は, 地域の実情や保護者の意向に十分配慮する, といっている. また, 児童生徒の具体的な事情に応じた就学校の指定が行なわれるよう促している. この「具体的な事情」はプライバシーに関わることで表面にでない. 学校選択制, 小中一貫教育, 中高一貫教育の問題の一つに, 学力差の問題と子ども社会の生活圏と

生活感覚の差異問題が出現するだろう．誰でもわが子の学力向上を願わない親はいない．その親の願いは学力差を気にすることであり，その「差異」を承認する立場に身をおくことであり，そのことが子ども社会の生活圏の変容をもたらしているのである．

教育格差という耳慣れないコトバを小論で取り上げたのは，それが「個」化社会と無縁ではないということと，教育格差が子ども社会のさまざまな生活相に変容をもたらしつつある，と指摘したかったからである．そしてその格差がどうやら「階層」に依るものでもあるらしいという予測がある．

筆者は，「個」化社会を〈経験への意味の求心的統合作用喪失社会〉と規定した．そこではテレオノミー的な主体性のもつ selection for が喪失されている．教育格差が子ども社会のテレオノミー的な主体性を揺るがし始めたのである．では，教育格差とは何か．私たちは今日まで，いや戦後の学校教育システムの施行以来，平和と民主主義を社会の基本理念として，個人の尊厳，人権尊重と教育機会の平等を教育の実践理念および制度理念とすることを善としてきた．学校は教育を行なうために創られた施設や制度である．その学校の機能は意図的な社会化を集中的，具案的に行うことにある．社会化の機能は子どもに認知的，道徳的な知識および態度を培うことにある．教科の論理はこれを下敷きにしている．

しかし，近代学校では，子どもを将来の役割に向けて選別し，社会において「適当」な地位に配分するというもう一つの機能をもっていることを認めなければならない．この定義的機能は表立って，今日まで「学校の背後にある仮説」とされて来なかった．何故だろうか．「適当」な地位の〈レリバンス〉，つまり経済的部位に「棲み分け」があったのである．そしてこの「棲み分け」を誰もが善

とはしなかったが, つまり「当時者」(階層性の自覚をもった人) にとって不満はあったが, 戦後, とくに高度成長期からバブルの崩壊まで続いた「努力すればナントカなる」,「開かれた社会」(佐藤俊樹, 2000) を承認してきた. それを小論の問題意識に沿って, 三浦展の言葉を借りていえば, 次のようになる.

「高度成長期は, 低い階層の人ほど多くの希望と可能性を持ち, 高い階層の人ほど, それまであった権利を縮小された時代であり, その意味で, 個別具体的な事例はともかく, 総じて言えば, 希望格差が縮小する時代であったと言える(5)」

バブル経済崩壊まで日本社会は「一億総努力主義社会」であった. それは, 日本人「一億総中流社会」と軌を一にするものである.「努力すればナントカなる」と思っていた私たちは, 希望格差が拡大するとは考えていなかったのではないだろうか. 貴族や資本家, 地主階級は, 三浦展もいうように希望格差が縮小したと感じていたが, しかし一般的風潮として, いまの所得が低くても, 毎日あくせくとまで行かなくともマジメに働けば, 将来は所得が伸び, やがて所得水準が上がるという見通しをもっていた.

階層意識をたずねる質問は「あなたの生活程度は世間一般と比べてどれくらいですか」というものである. 詳細は内閣府の「国民生活世論調査」を見ていただくとして, 以下, 三浦展の中流意識の変化 (1973 〜 201X) を掲げておく(6).

三浦展の説明を紹介しよう (図 6-1 は三浦による).

1958 年は「中の下」と「下」を合計すると 49% いた. 1973 年では「中の中」だけで 61.3% になった. これは, 自分は「下」の方だと思う国民が半数いた社会から, 自分は真ん中の真ん中だと思う国民が 6 割の社会に変わった, ことになる(7). ちなみに 1961 年からス

タートした「国民所得倍増計画」は産業構造を高度化し，全国に臨海コンビナートが形成され，重化学工業を中心とした製造業の発展はめざましいものがあった．1968年，GNPがアメリカに次いで世界第2位となった．

正確にいえば「中流意識」は，1959年ごろから1963年までの「岩戸景気」で盛り上がったといえる．この間，戦後最大の不況といわれる「証券不況」があったが，ドルショック（1971年），石油ショック（1973年）を経て，「第3次産業」の比率の高まりをみたのは（第3次産業は57.1%で1960年と比較して約10%上昇）1980年代である．とくに「耐久消費財」の普及率の格差は，1965年頃から縮小してゆき，1975年代では，3C（カー，クーラー，カラーテレビ）時代に入り，都市と農村の普及率が逆転する．自分は真ん中の真ん中と思えたのはこのような背景があったのである．これは1980年代前半まで続く．

1958年
上 3.6
中 37.0
下 49.0

1973年
上 7.4
中 61.3
下 27.6

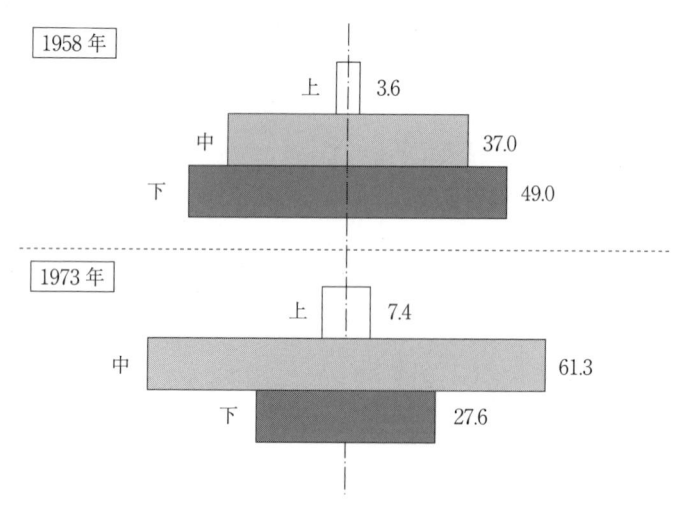

図6-1 中流意識の変化その1（1958～73年）

出所）内閣府「国民生活世論調査」をもとにカルチャースタディーズ研究所作成

さらに，三浦展の変化を追ってみよう．

図 6-1 も図 6-2 も（高度）消費社会の「一億総中流化・平等化モデル」が転換し，「階層化・下流化モデル」への変化のモデルを表したものであることをお断わりしておきたい．三浦展もいうように転換の原点は，高度消費社会の出現といわれた 1980 年代にすでに始まっている．

内閣府「国民生活世論調査」によると，2004 年は中の上が 10.0%, 上の意識が 0.7% である．プラスして 10.7%．中は，52.8%．中の下は 27.1%，そして，下は 6.5% で，中の下と下をプラスして 33.6% である．
(8)

私たちは，ここで「中流意識の変化」を確認しよう．「中の中」と答える人が，1996 年には 57.4%，2004 年は 52.8% に減少．「中の

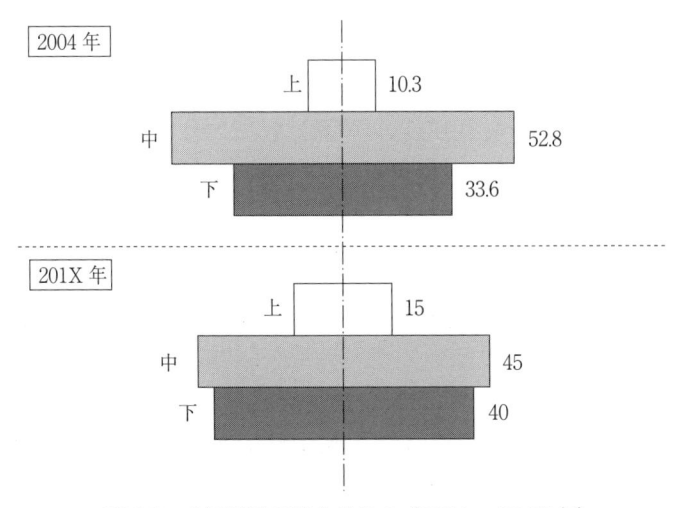

図 6-2 中流意識の変化その 2 (2004 〜 201X 年)

出所) 内閣府「国民生活世論調査」2004 をもとに三浦展作成. ただし 201X 年はカルチャースタディーズ研究所の仮定

下」は 23.0% から 27.1% に増えている．「下」も 5.2% から 6.5% に微増．三浦展は，1996 年に注目する．つまり，「『中の中』が減り，『中の下』や『下』が増え，同時に，『中の上』が 10% 前後を維持し続けている」とし，「国民が全体として下降意識をもっているのではなく，『中の上』以上の人だけが高い状態を維持している」という点に注目した．[9] そして，今後 15 年間の変化のマキシムを「上」が 15%，「中」が 45%，「下」が 40% と三浦展は仮定しているが，中流が「上」と「下」に二極化する方向で推移するとして，その幅をそう大きいものと予想していないようである．

2 パイプラインシステム構築の源流

佐藤俊樹によれば，[10] 20 世紀の終わりと歩調をあわせるように，「可能性としての中流」は消滅して，さまざまな分断線がうかびあがりつつある，という．小論では，「教育格差は本当か」という疑念を多少，残しつつ，山田昌弘の『希望格差社会』(2004) の中の「リスク化と二極化」の相互関連性とパイプラインとしての近代学校システムの成功から揺らぎについて考えてみたい．

まず，よく指摘されることであるが，日本の学校体系の変遷を追ってみると次の 7 つの仕組みを想定することができる．

Ⅰ．近代学制の成立

〔1873 年，全国の子どもが同一の小学校に就学．さらに上級学校進学する．単線型システム．〕

Ⅱ．分化

〔1879 年，「教育令」．小学校を初等科 3 年，中等科 3 年と高等科

2年に改め，中等科3年以降に進学組を分化．中学校に進学する者と高等科2年に進む者とに別れる．小学校の途中で中学校へ進学する，という事態は，次のシステムの準備でもあった．分岐型システム．〕

Ⅲ．国民教育とエリート養成への足がかり

　〔国民教育のための初等教育義務制，中等教育機関の拡充，多様化．目的別学校の設置．それは国家のためのエリート養成制度化でもあった．〕

Ⅳ．1900年代の産業革命期

　〔義務教育6年，専門学校，中等実業学校整備，高等女学校の発展をめざす．実業教育の技術者養成に学校間格差を生む．〕

Ⅴ．高等教育制度の拡充期

　〔1918年，「高等学校令」「大学令」．中等教育と高等教育の拡大をめざす．背景に工業化，都市化の進展がある．〕

Ⅵ．国民教育の強化

　〔1941年，「国民学校」の設置．皇国民の錬成を図る改革．義務制延長（満14歳）と（男子）青年学校への就学義務．戦時国家主義教育のもとで教育の形式的な統一と向時に教育年限の短縮という国家的コンセンサスが成立．〕

Ⅶ．戦後学制改革

　〔戦後教育改革の始まり，1947年．「教育基本法」「学校教育法」．6・3制の単線型学校体系の成立．教育を受けることが日本国憲法のもとでの国民の権利であるとした（憲法26条→（旧）教育基本法3条へ）．〕

　以上のようにラフなスケッチでもわかるように，1870年代後半

の「分化」期にもうすでに二極化が始まったことは否定できない．小学校の途中で中学校へ進める者とそうでない者との「メンタリティの差異」は想像がつかない．分化は，序列をつくる．序列は，学校差をつくる．学校差は，地域差として現われる．「教育令」以降，国民教育とエリート養成の足がかりをつかんだ 1870 年代末から 1900 年代には，もうすでに「学校の正系と傍系」という「学校格差」が存在した．この当時，中学校入学試験競争が激しくなり，小学校教育が中学進学の予備校のようになった事実は，興味深い．複線化案が，その解決のための窮余策であったということだからである．

日本の小学校は西欧と同様，19 世紀に「縦割りの複線型」で出発した．西欧のばあい伝統的な形態からぬけだすためには「統一学校運動」を通過しなければならなかったが，日本のばあい，華族学校以外，「パイプ」が「平等主義」のもとで構築された．

しかし，この「パイプ」は登用と出世のためのものであったことと，それが有効に機能するためには単線型になっていることが必要であった．日本の近代学校が藩校を原型とするものであったからこそ，小学校の出発は，西洋と違って「統一学校」性を付託させていたことに注目しよう．

戦後の単線型民主的学校システムのイメージをもって当時の単線型を重ねるべきではないと思われるかもしれない．しかし，筆者は沢柳政太郎の「深遠の意味」を考えたとき，戦後の単線型学校制度にその類同を読みとる．「沢柳は，その『意味』として，単線型であってはじめて，『多くは貧者の間より出つるものである』『俊秀の人材』をあますところなく国家の側に『収容』できるという事実を指摘するとともに，『国民精神の統一』の立場，『国柄』の立場を指摘して」いるのである．

日本の学校の「分化」は教育令に読みとれる,と述べた.それは「学制」を規制緩和することを通して,それまでの中央集権化をゆるめ,地方の実情を考慮したものであったが,地方によっては学校教育が衰退し,不評を買い,「改正教育令」(1890年12月28日)をみることになる.あらためて指摘することでもないが,教育令と改正教育令の第2条の差異に注目したい.

教育令(太政官布告40)

　第2条:学校ハ小学校中学校大学校師範学校専門学校其他各種,学校トス

　↓

改正教育令(太政官布告59)

　第2条:学校ハ小学校中学校大学校師範学校専門学校農学校商業学校職工学校其他各種ノ学校トス

　改正教育令で農学校,商業学校等入る.この当時の「分化」情況に与せざるをえない子どもたちの「心性」(史)について論証する時間がないが,次のことは確認できないだろうか.[15]

　① 中等教育では,中学校はトップクラス向けである高等学校,帝国大学の予備校であったから,各界の「下士官」階層の養成を目的にしていてそこで袋小路になっていた実業諸学校よりも高い地位を与えられていた.

　② 商業学校や工業,農業学校に「進学」した生徒は,小学校だけで各界の「兵卒」として実務につく同輩を「蔑視」するという関係になる.

　③ 実業学校相互の間にもまた序列があった.(中略)近代日本でも

農業学校が学校の正系から最も遠くはずれているものとみられてきた．したがって，農業学校は平均して入学志願者が中等諸学校中最も少なく，その上卒業生もできるなら農業実務につかず，中学校や商業学校の卒業生がはいるポストにつくチャンスを求めてきた．

④ 同じことが商，工業学校卒業生の間にも現われた．技術系統の仕事よりも事務系の仕事が優遇されたので，工業学校の卒業生も事務系の仕事につきたがった．

複線型の特徴は，以下である．「どこで学校を終り，実社会に出るかによって，相互に断絶した異質の人間につくりわけられていく．(中略) それは，教育目標，教育内容上の差別であり，入学機会をめぐってではなく段階をめぐって起る装置になっていた．その意味では，学校制度上の縦わり複線型ではなく横わりのそれ，つまり教育内容の重層構造といってよい特質のものであった．」[16]

横わりの複線型と教育内容の重層構造は，日本独特の学校制度システムである．改革の波はここ10年，押し寄せては引きまた押し寄せるといった「ウェブアンドタイド」をくりかえし，新自由主義と教育の市場化政策の軌道に乗ろうとしているようにみえる．

この複線型システムのもとで二種類の国民の「再生産」が行なわれたと勝田守一らは指摘する．「理論には明るいが，実際には暗い大学卒の人間と，なぜそうすればよいかには暗いが，実際のやり方には通じている小学卒の人間」(『日本の学校』1964年)．

今日の解釈として知識は基礎・基本をしっかりと身につけ，「生きる力」(実際のやり方に通じている，といえるだろうか) を培うものといえるだろうか．教育令にこだわるようだが，その公布は，田中不二麿による．学制の領布に先立ち，文部理事官として岩倉大使の一行に加わって，1871年11月に欧米の教育を調査したといわれる．

1873年3月に帰朝して,アメリカの制度を参考に,また当時,地方の自治制は布かれていなかったが,地方民の自治と自由を尊重した教育改革案を立てた.教育令は「教育制度のアメリカ化」である.人びとは(地方団体の自治行政に)自治について知るところがない.教育令の意味を誤解した政府は教育の振興を中止したと思い,小学校を廃止したり,あるいは数校をひとつに融合して費用を減らそうと努力する.(17)

1880年代前後の「諸教育令」の改正は,今日の改革の前景にあるものと類同していると筆者が考えるのは勇み足だろう.市場化原則にもとつく教育改革は「教育格差」を生みかねないが,教育特区をはじめ小中一貫教育や中高一貫教育や義務教育改革(分権改革)の行方を冷静にフォローアップする必要がある.教育令の失敗を認めた政府は,改正教育令を発布,改正令の発布に先立ち「上奏」が出された.これを読むとこれからの文部省(旧)の干渉主義政策と教育法令の連続の公布による教育の刷新と興隆への布石と読める.

改正教育令についての上奏の一部を以下に記しておく.(18)

「(前略)夫レ学制ノ領布ニ当リ執事者意ヲ成功ニ鋭クシ,校舎ヲ壮大ニシ外観ヲ装飾スルノ事往々ニシテ免レズ.是ニ於テカ学問ノ益未ダ顕ハレズシテ人民之ヲ厭フノ念先ヅ生ズ.議者其弊ノ因ル所ヲ深考セズ,徒ラニ罪ヲ学事ノ干渉ニ帰シテ之ヲ尤ム.(後略)」

上奏文で,学校を立派にし,外観をきれいにするだけで学問の成果が少しも出ないと民衆が厭うているという.その背景には,物価の低落,金融の逼塞,そして不景気という社会情勢があった.不安定な社会動静のもとでの教育改革は,萎縮なものになるのだと私たちに教えている.(19)

3 パイプラインシステムのゆらぎ

さて,小論の目的は,教育社会史を素描することでなく1980年代半ばから始まった教育改革が混迷と確立(拡充)をくりかえしながら,ある「一つの方向」に行こうとする予感を抱きつつ今後,「格差」のもとで,子ども社会と子どもの学びの行方をしっかりと見据えるさいの「枠組み」を提示することにあった.

小論の後半では,教育の機会均等をベースに,比較的に開放制と中央集権制をもちながら出発した戦後の単線型の学校制度システム,つまりパイプラインシステムを検討しよう.それは,「ポストバブル期」(1990年から現在にいたる15年間)にあたる.そのシステムに揺らぎが生じ,格差社会化にシフトする情況を考えてみよう.この15年間の改革のロジックについては,苅谷剛彦,藤田英典,そして荒井克弘の文献に詳しい.それらの諸論を小論で検討する余裕はないが,山田昌弘の「希望格差社会」論(2004)を軸に小論のテーマに引き寄せて考えてみたい.

教育改革論議といってもその施策と取り組みで,金子郁容も指摘するように,学校教育をめぐる「問題点」の「何が問題か」による論者のパースペクティブの認識を明らかにしなければならない.たとえば,藤田英典は「強者の論理」を一つのキーワードにする.[20] 藤田によれば今日の社会は選択と競争で成り立っている.その社会に自立的に参加する前から恵まれた一部の子を優先する「強者の論理」がまかり通っている,という.教育は社会の近未来を描く設計図だから,今日のように人を「勝ち組」,「負け組」に分けて,格差が拡大する方向に社会が動いているそのメカニズムを明らかにしなければならないというのである.

藤田英典は，今日，教育も社会も重大な岐路に立っているが，要は〈共生原理〉による教育と社会の構築を目指すのか，強者の論理によって教育と社会を再編するのかという分岐点にあると主張する．そして〈共生・共創〉を資本制的な市場経済システムを核とした現代の社会システムや教育システム（競争，選別，排除と包摂，勝ち組，負け組などがそのシステムに埋め込まれている）に対置したからといって問題解決できるものではないと述べる．根はもっと深いものである．

　藤田英典によれば，競争原理も能力主義も自己責任の原則もこの市場経済の世界で否定し去るものでない．むしろ自己責任能力のある自律的な個人として，市場経済や市民社会に参加して行ける準備を教育が提供するという立場をとる．そして子ども（社会）にかかわって，次のように指摘する．[21]

　「その準備をする前から，あるいは，その準備の早い段階から，競争原理・能力主義や自己責任論を振りかざし，個々の子どもに，教育機会の差別化の責任をとらせるわけにはいかない．同じような教育を受けていても，子どもの個性・能力は多様に分かれていくものであるが，その分化を早い段階から制度的に固定化することが好ましいとはいえない．」

　筆者は，この主張に基本的に賛成である．そこで言葉の一端をとらえるようだが，子どもに差別化の責任をとらせる〈主体〉は誰か，と考えてしまう．また，責任をとらせない大人が厳としている．その数が多いことも確かなことである．たとえば学校選択制での親のチョイスは「わが子のために善とする」アスピレーションによるものだろう．それでは，山田昌弘の問題提起でもある「パイプラインシステムの亀裂」論をどう考えるかである．分化の固定化がほとん

ど不可能になっているのではないかと思われる．いつでもどこでも教育装置を組み変え可能な「代替的かつソフトな教育装置」が分権下のもとでどんどん創られるのではないか．そしてその装置の選択を親の「自己責任」に負託し，管理責任を地方自治体の長もしくは学校長の権限に求めている．

こうなると，議論は複雑になってくる．金子郁容によれば[22]，文部科学省の「学校教育への批判」項目を次の三つのグループにまとめることができる．①硬直的，画一的，柔軟性に乏しい．②閉鎖的，地域や保護者との連携が不十分．③自ら改革に取り組む意欲が不足している．それぞれについて補足すれば，学校教育システム（6・3制，単線型と画一的な教育内容）が硬直化していて多様な選択肢がなかった．地域の教育力とか地域に開かれた学校という教育スローガンは，今まで掲げられてきた．そして外部評価制度や学校評議会の設置をみているが，学校評価をめぐって十分な条件整備がなされていない．つまり，分権化の改革施策がまだ十分に明らかにされていない．

2003年から始まった特区は，経済・社会の活性化をはかろうとするものだが，地域格差や子ども社会に二極化をもたらすかもしれないという指摘もある．コミュニティ・スクールは，意欲ある教員の役割が目玉であるが，都道府県教育委員会の任命権とどう調整できるのか．そして「開かれた学校」においても保護者や地域が学校の活動に参加する機会を創ることだが，保護者や地域の人たちの「参加の動機」がバラバラであって，学校運営に参加する従来の「好意」論を克服しなければならないという声も聞く．

地域住民の「好意」論と学校運営に参加する仕組みのデザイン作りに異論はないとしても，地域住民の学校運営に当たり，おのおの

の「個人史」に基づく学校観が十分でないばあいがあり得る．学校観といっても学校運営に当たり，当該学校と「自分史」とのつながり（内容）は重要であろう．また，自分史とのつながりがないばあいに，では運営に参加する動機のもとになる（と思われる），普遍的な学校観や子ども（社会）観の交流はどういうかたちで行なわれるのか．

さて，子ども（社会）観であるが，藤田英典の次の指摘を引用しておきたい．

「すべての子どもは尊厳的存在であり，かつ，有為な人材である．すべての子どもは，尊厳的存在として，教育というプロジェクトに参加し，仲間をつくり，自分を磨く，等しい権利を有している．それぞれに有為な人材として，社会に参加し，責任を担い，自己の生活を支え，社会の福祉に寄与する．（後略）」

学校教育のなかの子ども（社会）認識としてはほぼ賛成であるが，「すべての子どもは尊厳的存在」であるその〈内実〉と〈現実構成〉を子ども存在から考えたとき，個々の子どもであり，多様な個々性に含意がある．教育対象の中の子ども観念と現実の子どもの〈実存〉は違うのである．藤田英典もそのことを十分認識している筈だが，筆者の子ども（社会）への関心は，教育という作用を通した育ちゆく子ども像よりも子どもの本質と子どもが現実構成を生きる（おとな社会のなかでの）子ども社会の本質と構造分析に向いている．

学校化社会のなかに生きる子どもは学校教育制度のパイプラインシステムと切り離して考えられない．つまり，戦後一貫して子ども（社会）を考えるとき，そのパイプラインに乗っているか，そこから「逸脱」しているかの判断枠で子ども（社会）をみてきた．そこには，一方で国民としての「統合」をめざす教育（国民教育）つまり義務

教育を是とし，実質的に中等教育後の「進路のための準備」期間化を認めてきた．子どもを学校に送る保護者は，子どもを積極的に学校教育に参加するよう動機づけを促し「教育的強迫観念」に近いかたちで「励まし」をしてきた．

そして学校という装置は，この励ましの「再加熱」を行ないながら他方で各々の『業績達成』に応じた進路パスへと導く「教育的配慮」を求めてきた．

思えば，学歴（獲得）競争とは，戦後一貫して，この二つの「教育統合」と「教育分化」で成り立ってきたといえる．統合に行ける子どもも分化に行ける子どもも「やる気」（アスピレーション）と「野心」（達成）と「努力」（セルフエスティーム）が渾然一体となっていて失敗しても「もう一度挑戦」（再加熱）しよう，さらには「次に期待（代替加熱）しよう」と納得する．そこで「やる気」を喪失した子ど

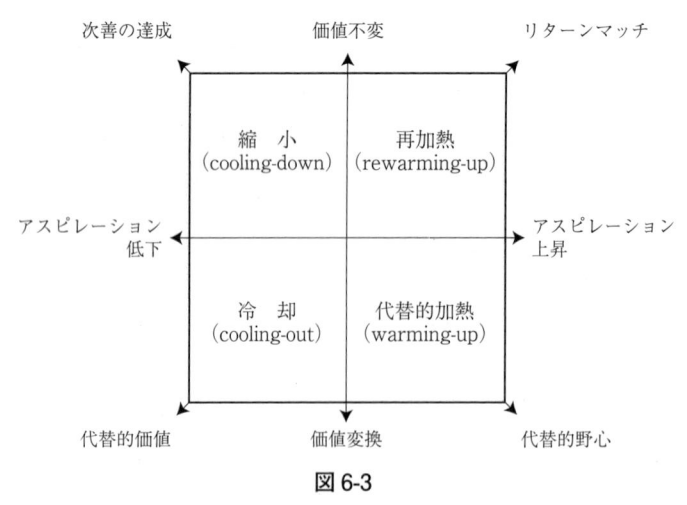

	次善の達成	価値不変	リターンマッチ
	縮 小 (cooling-down)	再加熱 (rewarming-up)	
アスピレーション 低下			アスピレーション 上昇
	冷 却 (cooling-out)	代替的加熱 (warming-up)	
	代替的価値	価値変換	代替的野心

図 6-3

出所）荒井克弘「学校の選別機能」岩永雅也・稲垣恭子編『教育社会学』放送大学教育振興会，2003年，p.135

もには，学校も保護者も次善策を提案するか，まったく別な価値を求めるよう促してきた．

荒井克弘は，竹内洋の〈失敗者の適応類型〉（図6-3）を引用している．学歴社会獲得に失敗した者の社会的適応を表わした図であるが，失敗者がリターンマッチか，代替的野心を抱くか，どちらか一方を選択（統合）して生きていくことができたことを表している．

これをパイプラインシステムと重ねて考えてみる．山田昌弘は，日本の教育システムの特徴を〈ゆるやかな選抜〉にある，と述べている．中学から大学まで，受験を間にはさむことによって「あきらめ」が徐々にもたらされる．「約10年かけてゆるやかに，自分の希望と現実を調整し，自分の能力に見合った（とされる）職に，パイ

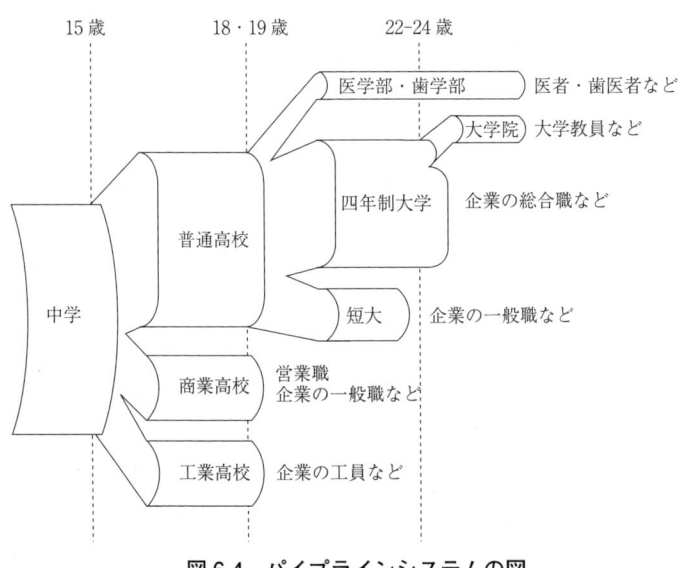

図6-4 パイプラインシステムの図

出所）山田昌弘『希望格差社会』筑摩書房，2004年，p.88

プラインによって「流し込まれる』のである(25)」という.

　希望とあきらめのバランスシートである. さきの図でいえば, 希望は再加熱と代替的加熱であり, あきらめは縮小と冷却である.

　図6-4は, 就職という最終目的に向かってスムーズに（押し）流されていく様子を表したものである. つねに就職という「出口」によって子どもや青年たちは「強迫観念」を生きてきた. 希望とあきらめが織りなす強迫観念である.

　このパイプラインそのものが「進学した学校階梯のレヴェルに応じて, 就業が可能な職種が対応するシステム(26)」なのであり, 子どもと青年は二重の対応（ひとつは教育システムと社会システム. ふたつ目は, 子どもが入る教育装置に呼応するという）をしながら成功と失敗を生きてきた.

　この「呼応」の二重性に, この間の以下の改革の四つの潮流と背景のもとで「漏れ」が生じたのである. ひとつは個人が自由に職業を選べなくなった雇用の不安定化. 二つは学校選択制にみるように, 学校評価と責任主体を「個」人に委ねるようにしたこと. 三つは小中一貫教育や中高一貫校の設置に見るように, 継続的に一貫性のある学習・生徒指導を行うことで, 学習だけでなく子どもの学校生活に「とまどい」をなくし, 確かな学力,「意欲」の高まりを醸成する試みが始まった. そして最後は, 分権改革である. 地方が政策, 行政の内容を自分たちで決める. つまり, 市民・住民のニーズや意見に沿った地域経営・行政運営を可能にすることである. 藤田英典は, 分権改革が進めば, 首長の権限が大きくなり, 教育と教育行政の中立性・安定性と民主主義の理念に適う政策決定などの適切さが確保されるか疑問だと述べている(27). 少人数学級や二学期制導入, そして学校統廃合などのカギを握るのは首長や教育長である. これ

からますます地域間格差が生じかねない．政治・改革に熱心な地方，財政力の強い自治体と弱い自治によって「教育の地域格差」が出現するかもしれない．

4　今後の課題

　小論の規定枚数は過ぎた．そこで本論で筆者が述べたかった諸点を列挙して，今後の課題につなげたい．

　「個」化社会の出現は，苅谷剛彦のインセンティブ・ディバイド（意欲格差）や山田昌弘の「希望格差」と無関係ではないだろうという大胆な発想があった．では「格差」は日本社会の学校教育制度史の上でいつ頃から根としてあったかと考えてみた．これについてはすでに竹内洋の一連の研究で明らかである[28]．

　子どもや青年たち，また（学校世界・職業世界という）おとなの関係文脈に差異構造があるが，「意欲をもつ者ともたざる者，努力を続ける者と避ける者，自ら学ぼうとする者と学びから降りる者との二極分化の進行[30]」[29]にある社会が存立し日本の学校教育システムの「パイプライン」はこれを支えてきた．

　たしかに「個」化社会は，一方で大量消費社会の「差異」化優先と同じラインにある．バブル経済の安定成長期では，インセンティブ（誘因）とアスピレーションそしてリウォーミングアップやクーリングアウトは，「個人」主義の思想（子ども中心主義も含む）のバックアップのもとで構造化されてきた．これを分化と統合の渾然一体と筆者は指摘した．

　この思想で子どももおとなも〈関係性構造〉のなかで人生の物語を生きることができた．しかし，「強者」の論理と分権化は，子

ども社会や大人の処世術に「既得権擁護」を促進していないか．かつてのように，他者との関係のなかで自分の優越性を求めたり，周囲を支配すること，思い通りに欲望を顕現させることに価値を置く「競争型個人主義」の社会は終焉し，「自律型個人主義」つまり，価値基準を自分自身の中に求め，自分なりの生活スタイルにこだわりマイペースで生きる人間が登場する(31)という事態が起きてきた．(32)

この「個」化社会の事態は「組織と個人」「リスク社会」(リスクはもう不可避であって，個の内部でいつも対処が迫られている)で，処世術的な発想を追い求めるだけに陥っている．将来への希望自体に格差が生まれていて，子ども社会にも蔓延しつつあるのだ．

業績達成と獲得的属性を育んだ条件や環境が大きく変わろうとしている．〈気に入るか／気に入らないか〉，〈好ましいか／好ましくないか〉，そして〈快か不快か〉という生得的属性による判断が無意識のうちに人びと（子どもたち）の生活世界に入り込んできている．

自分の人生は，もうすでに「生得的な素質」によって決まっている．したがって人生の見通しも立てられるだろうという「根拠なき自信の強さ」(土井隆義)(33)をもつ人たちが私たちの周りに多くいると思うのは筆者だけであろうか．この思いの深層を今後も追っていきたいと考えている．

付記　本章は，「『個』化社会と学校のなかの子ども—格差・危機・脱関係のなかで—」(『明治学院大学教職課程論叢』「人間の発達と教育」第2号, 2006年3月)より一部を加筆と修正を加えて転載したものである．

注
(1)　花崎皋平『個人／個人を超えるもの』岩波書店, 1996年, p.17

第6章 「個」化社会と学校のなかの子ども　175

(2) 花崎皋平，同上書，p.18
(3) 真木悠介『自我の起源』岩波書店，1993年，pp.83-84
(4) 「強い教育の論理」とは，佐々木賢の「教師化した大人たちが，生徒化した若者たちを，教室化された場において，教科書化された教材で教えるというこの制度は，若者たちから存在感を奪っている」という指摘に端的に現れている．しかし，今はこの「化」による反教育論は有効ではなくなっていると望月はみる．佐々木賢『教科書って何だ』pp.229-254参照，学校制度を考える会編『教科書はもういらない』三一書房，1982年
(5) 三浦展『下流社会』光文社新書，2005年，p.109頁
(6) 三浦展，同上書，p.31, 32
(7) 三浦展，同上書，p.27, 28
(8) 図6-2の上は10.3％で誤差がある．誤植か．
(9) 三浦展，前掲書，p.24, 26
(10) 佐藤俊樹『不平等社会日本』中公新書，2000年，p.89．ここで分断線と亀裂を同義にとらえている．また，「個」化社会とリスク社会についても類同性を望月は予測している．
(11) 科学的に実証できない，という意味で，筆者は二極化や分化の客観的（制度的）なシステムを生きる（移動する）ときの人々のメンタリティ（心性＝心の在りか）に注目している．
(12) 勝田守一・中内敏夫『日本の学校』岩波新書，1964年，p.86
(13) 同上書，p.84
(14) 同上書，p.87
(15) 同上書，p.78, 79．列挙した①～④は上掲書．それは当時の民衆の「希望」と「諦念」の格差感覚であると想像するにかたくない．
(16) 同上書，p.95
(17) 高橋俊乗『日本教育文化史（三）』講談社学術文庫，1978年．小学校数の統計は減少しないが，増加率はかなり減少した．1873年から1878年まで年平均2800校増加しているのに，1879年にはわずか441校，1880年には381校しか増加していない．pp.127-128．
(18) 高橋俊乗，同上書，p.131
(19) その後も，1885年8月に教育令の再改正があったが，この第三教育令は実施期間は1年未満．同年12月に内閣制度が創設され，伊藤博文が内閣を組織，森有礼が文部大臣に任命された．このあと帝国大学令公布，師範学校令，小学校令，中学校令，諸学校通則制定を見ることになる．
(20) 「9.11総選挙，なにが論点」『朝日新聞』2005年8月31日朝刊
(21) 藤田英典『義務教育を問いなおす』ちくま新書，2005年，p.4
(22) 金子郁容編著『学校評価』ちくま新書，2005年，p.27, 28, 35

(23) 筆者はここ数年間，ある区のJ小学校の「外部評価委員会」委員長を勤めさせていただいている．小論の知見は，地域住民の方々の「動機」に異議をはさむものではなく，PTA会長，卒業生という「個人史」的つながりの「強さ」を強く感じた．その上に，もっと「地域の中の学校」や「21世紀の教育のゆくえ」などの深い意見交換の必要性をここで提起しようということである．
(24) 藤田英典，前掲書，p.307, 308
(25) 山田昌弘『希望格差社会』筑摩書房，2004年，p.90
(26) 腰越滋「第7章教育機会と受験体制」岩内亮一・陣内靖彦編著『学校と社会』学文社，2005年，p.110
(27) 藤田英典「教育における分権改革のゆくえ」『教育と医学』No.627, 慶應義塾大学出版会，2005年，pp.4-12
(28) たとえば『選抜社会―試験・昇進をめぐる〈加熱〉と〈冷却〉』リクルート出版，1988年．『立志・苦学・出世―受験生の社会史』講談社，1991年など．
(29) しかし，この差異を解消するキーワードが出現している．キャリアというコンセプトである．小学校から大学まで，そして職業世界での大人（近年では団塊世代）の人生観を規定するファクターとなった．
(30) 苅谷剛彦『階層化日本と教育危機』有信堂，2001年，p.211
(31) 太田肇『囲い込み症候群』ちくま新書，2001年，p.80
(32) 同上書，p.81
(33) 土井隆義「キャラ社会の構造――「負け組」はなぜ格差拡大を容認するのか」『世界』No.749, 岩波書店，2006年，p.118, 119

参考文献
佐藤俊樹『不平等社会日本』中公新書，2000年

索　引

あ 行

アイデンティティ　12, 109, 142
　——形成　132
アーノット, M.　68
天野正子　72, 76
荒井克弘　166, 171
暗黙知　151
生きる力　164
依存性　9
伊藤公雄　88, 89
伊藤裕子　80
居場所　152
今津孝次郎　55, 41
イリガライ, L.　70
ヴァルネラビリティ　28
ウィッティ, J.　90
上野千鶴子　67, 80, 99, 115
ウェバー, M.　6
ウォーラー, W.　18
氏原陽子　78
ウッズ, P.　18
内海崎貴子　83
エスノグラフィック　78
江原由美子　84
エンジェンダリング　78
エンパワーメント　74
大江健三郎　104
岡東壽隆　56
小熊英二　115
奥村隆　37
小内透　104

か 行

階層分化　76
科学知　2
隠れたカリキュラム　70
可塑性　9
学校化社会　169
学校選択制　107, 153, 155
学校組織　42
学校知　21, 153, 155
学校評価　168
学校評議会　168
学校文化　18, 77
勝田守一　164
金井淑子　114
金子郁容　166, 168
家父長制　113
亀田温子　82, 88, 89
カリキュラム　17, 48, 78
苅谷剛彦　166, 173
監視　61
カント, I　2
木村涼子　72, 78, 81, 82
キャリア　141
教育格差　154, 156
教育困難校　42
教育達成　96
教師像　61
教室文化　18
教師の共同性　55
教師文化　41, 42, 57, 59, 60
強者の論理　166
共生　16, 96
共生社会　102
銀行型教育　76
久冨善之　57
黒崎勲　106
ケルナー, H.　74
ゲーレン, A.　74
現実構成　169
研修制度　55
権力作用　84
交歓する他者　118
公共性　115
構成主義　147
公的領域　84
校内研修　55
校務分掌組織　44
「個」化社会　156
ゴッフマン, E.　29
コード　57
子ども社会　25, 154

子ども (社会) 観　169
コミュニティ・スクール　168
コンシャスネスレイジング　74

さ 行

再生産　164
再生産主義　147
再生産理論　71, 144
斉藤次郎　25
齋藤孝　36
ザイン　15
坂部恵　32
作田啓一　116
笹原恵　78
佐藤俊樹　157, 160
佐藤学　31
サルトル, J.-P.　15
沢柳政太郎　162
サンクション　99
参与観察　46
シェーラー, M.　4
ジェンダー　95, 103
　——アイデンティティ　70, 77, 81
　——化　69, 136
　——教育学　87
　——形成　78, 131
　——言説　87
　——構成　83
　——センシティヴ　74, 118
　——チェック　74
　——秩序　70, 132, 138
　——と教育　95
　——トラック　81
　——トラッキング　70
　——認識　28
　——バイアス　77
　——バッシング　148
　——・フリー　67, 72, 118, 126
資質　55, 61
市場化原則　165
市場社会　99
市場的共生　107
しつけ　154
私的領域　84

指導観　58
自分史　169
嶋田美子　119
市民的共生　107
霜山德爾　17
社会化　8, 96, 154
社会改革　103
社会的構成　83
社会システム　101
授業評価　50, 57, 59
準拠集団　18
状況定義　18
庄司康生　33
職員会議　45
女性解放運動　114
女性学　80
女性学教育　85
自立　97
シルバーマン, C. E.　31
人格形成　1
新自由主義　164
水路づけ　81
スタンワース, M.　68
ストラテジー　18
スミス, A.　5
棲み分け的共生　106
生活史法　141
生活世界　30, 107
性差別　142
生成の論理　116
生徒観　58
生徒指導　58
生徒文化　18
性認知　80
性別間差異　145
性別二元論　112
性役割理論　71
セクシズム　72
セクシュアリティ　131
セックス　129
選択知　151
組織文化　43
ソシャリストフェミニスト　84
ゾレン性　15

た 行

第二波フェミニズム　73
竹内敏晴　24, 34
竹内洋　171, 173
多賀太　82
田中節雄　16
田中美津　113
田中不二麿　164
男権制・家父長制　108
男女混合　75, 136
男女特性論　131
男女の二分法　145
男女平等教育　131
男性学　80
男性支配　70
単線型システム　160
地域づくり　103, 120
地位達成　98
定着の論理　116
ディルタイ, W.　36
デューイ, J.　5, 9
テオノミー的　152
デンジン, N. K.　141
伝統主義　110
天童睦子　78, 82, 87
統一学校運動　162
道具知　151
同調圧力　43

な 行

中西祐子　81, 82
二極化　166
二元論　69
日常知　1
野尻裕子　83

は 行

ハイデガー, M.　15
パイプライン　160
　──・システム　166
バーガー, P. L.　12, 74
橋本紀子　75
パスロン, J.-C.　10
パターナリズム　111
バックラッシュ　67
バックラッシュ現象　115
花崎皋平　108, 112, 151
パラダイム転換　98
半構造化面接　133
判断知　151
日方ヒロコ　113
日野玲子　78
批判的内省　79
ピープル　108
ヒューストン, B.　118
ヒューマニストフェミニズム　85
表出の機能　28
フィールドワーク　47
フェスティンガー, L.　116
フェミニスト　68
　──ペタゴジー　79
フェミニズム　108, 142
父権制　83
フーコー, M.　79
藤田英典　106, 120, 166, 172
物象化　114
フランシス, B.　85
ブルデュー, P.　10, 77
フレイレ, P.　75, 84
文化資本　10
分岐型システム　161
ペスタロッチ, J. H.　36
ベッカー, H. S.　141
ヘルバルト, J. F.　6
ポストモダンフェミニスト　84
ポスト構造主義　69, 70, 85
ポスト構造主義者　71
母性神話　140
ホームスクーリング　30
ホモ・エコノミックス　5
ホルト, J.　29
本質主義　147

ま 行

マーティン, J.　118, 121
真木悠介　153
まなざし　17
マンロー, P.　142
三浦展　157

見田宗介　120
ミドルトン, S.　142
村瀬学　37
メルロ-ポンティ, M.　37
森昭　3
森繁男　78, 82

や　行

役割自認　80
ヤスパース, K.　15, 36
山田昌弘　89, 160, 166, 171

融合的共生　106

ら　行

らしさ　125, 135
ラベリング　27
ラポール　112
力量形成　55, 61
リブの思想　114
ライフヒストリー　144
ルソー, J.-J.　36

編著者

望月　重信（もちづき　しげのぶ）

1943年　東京生まれ
1976年　東京教育大学大学院教育学研究科博士課程満期退学
現　在　明治学院大学文学部（教職課程）教授
専　攻　教育社会学，子ども社会学，ジェンダー論
著　書　『教師学と私—子どもと学校に生きる』（編著）（第2版），学文社（2003年），『教育とジェンダー—葛藤と錯綜／主体性』（編著）ハーベスト社（2005年），『最新　教育キーワード137』（第12版）（編著）時事通信社（2007年），『教職用語辞典』（共著）一藝社（2008年），『教育の制度と経営』（四訂版）（共著）（2008年）

変化する社会と人間の問題
―― 学校教育・ジェンダー・アイデンティティ ――

2009年4月30日　第一版第一刷発行

編著者　望　月　重　信
発行所　株式会社　学　文　社
発行者　田　中　千津子

〒153-0064　東京都目黒区下目黒3-6-1
電話 03(3715)1501(代表)　振替 00130-9-98842
http://www.gakubunsha.com

落丁・乱丁本は，本社にてお取り替えします。　　印刷／新灯印刷
定価は，売上カード，カバーに表示してあります。　〈検印省略〉

©2009 Mochizuki Shigenobu Printed in Japan
ISBN978-4-7620-1968-5